Bornet in.
Martini sc.

Vous voyez mon brodequin, il vous paroit me convenir, mais vous
ignorez où il me blesse.

Observ. sur le Bièvre. Pag. 67.

OBSERVATIONS

Sur l'accord de la Raison et de la Religion pour le rétablissement du Divorce, l'anéantissement des Séparations entre époux, et la réformation des loix relatives à l'Adultere.

Par M. BOUCHOTTE, Député du Département de l'Aube.

Hominum causâ omne jus constitutum. Hermogenianus, l. I., §. de statu hom.
Semper sexus masculinus etiam fœmininum sexum continet. Julianus, l. 62., §. de Lég. 3.

Le droit n'a été établi que pour les hommes, et le sexe féminin est aussi compris sous ce terme générique.

A PARIS,

DE L'IMPRIMERIE NATIONALE.

1790.

AVERTISSEMENT.

Les observations que je présente offrent
moins de recherches que de raisonnemens.

La matière s'est présentée à mes yeux
sous deux aspects, car les Théologiens prétendent que la Religion est intéressée à la
question du rétablissement du Divorce; et,
je le crois, ne l'est-elle pas à tout ce qui
intéresse les mœurs?

Les Jurisconsultes François décident que
le mariage est un contrat civil, & que les
Souverains sont Juges des conditions qui
peuvent valider ou annuller ce contrat. Je
suis aussi de ce sentiment.

De là naît naturellement la division de
cet ouvrage en deux parties.

La première est destinée à démontrer au
Citoyen que la raison et la nature demand-
dent que le Divorce soit remis en usage, et
qu'il vienne remplacer les séparations immorales et impolitiques, ainsi que nos loix
ridicules sur l'adultère.

La seconde partie doit prouver aux Catholiques, que l'institution du Divorce n'est

nullement contraire au Dogme ni à la Morale de la Religion , et que l'Eglise est elle-même intéressée à adoucir la discipline qu'elle a adoptée depuis quelques siècles sur cette matière.

Je supplie le Lecteur de consulter sa raison en lisant la première Partie , et d'attendre , pour juger mon opinion d'après ses préjugés religieux , qu'il ait pris la peine de lire la seconde.

Si les raisons que je donne lui paroissent aussi convaincantes qu'elles m'ont semblé l'être , en ployant sa raison sous le joug de la foi , il remerciera l'Eternel de ce qu'il n'a exigé cette vertu que pour le Dogme , et de ce qu'il a daigné rendre sa Morale telle qu'elle ne contrariât jamais la nature.

PREMIERE PARTIE.

INTRODUCTION.

La liberté domestique est la base des libertés civile et politique.

Proroser que la loi du Divorce foit remife en vigueur :

Prétendre qu'elle délivreroit de ces féparations qui aggravent les maux des époux, détruifent les germes des bonnes qualités dont la nature s'eft plû à enrichir les enfans, & font à la foćiété des plaies mortelles fous quelque afpect qu'on les confidère :

Soutenir qu'il n'eft aucune Religion, pas même celle où l'indiffolubilité du lien feroit de dogme, qui pût fe plaindre de ce qué la loi civile accorderoit un remède qui rétabliroit les mœurs :

Enfin, démontrer que la loi qui eft en vigueur contre l'adultère, eft abfurde, injufte & diamétralement oppofée à la nature, à la raifon, à la Religion, & que le Divorce doit y être fubftitué :

Telle eft la tâche que j'ai entreprife. Je ferai heureux fi je fuis parvenu à la remplir.

Citoyens, vous avez pris les armes pour reconquérir la liberté ; mais que fert au bourgeois tranquille, à l'agriculteur paifible, d'être en poffeffion de l'image de cette liberté, s'il ne jouit de la réalité.

Partager la puiffance fouveraine, décider par foi même ou par fes reprefentans de la guerre & de la paix, balancer l'intérêt de l'Etat avec celui de l'Europe, faire les loix , juger des befoins du tréfor public, & ordonner le montant des impôts , créer fes juges , c'eft jouir de la liberté politique.

Ne pas dépendre du caprice des Miniftres, pouvoir leur demander compte de leur adminiftration , n'avoir plus à craindre des ordres arbitraires , ne plus redouter l'homme puiffant en crédit & en richeffes , n'être pas contrarié dans la première des obligations (celle qu'impofe la confcience) , être fûr de ne payer des impôts décrétés que la part qu'on en doit fupporter , &c. c'eft jouir de la liberté civile.

Mais, que font ces deux efpèces de liberté , fi celle fur laquelle elles doivent repofer n'eft pas affife? Une colonne majeftueufe s'élève & frappe les nues. La corniche eft admirablement travaillée , le fuft eft poli avec foin , & la bafe qui doit foutenir l'une & l'autre , ébranlée par les efforts d'un defpotifme qui s'eft appefanti fur toutes les claffes de la fociété , & rongée par l'acide nitreux de tous les préjugés , n'eft pas encore réparée ni même remife dans fon affiette. Doit-on compter fur la folidité d'un monument élevé fur une pareille bafe ?

Avant d'être affocié au grand tout d'un Etat , l'homme fut Citoyen d'une ville ou d'un hameau ; avant d'être Citoyen , il fut fils, mari & père : une fille, pour le fuivre quitta fes parens , ils acquirent des droits ; ils eurent des devoirs à remplir ; l'union qui fe fit entr'eux leur donna les premiers & les foumit aux feconds. Quel fut le but de cette union à laquelle la nature les invita? Leur bonheur.

Des voifins vinrent l'accroître ou le troubler. Il naquit de là une feconde fociété ; pour foutenir une intelligence mutuelle qui devoit être profitable à tous, ou pour appaifer les différends qui s'élevèrent entre ces voifins, l'intérêt commun les foumit à de nouveaux devoirs, & leur donna de nouveaux droits. Quel fut le but des conventions qui les établirent ? Leur bonheur.

La peuplade s'accrut; des Magiftrats furent néceffaires

pour entretenir l'ordre; les premières conventions fondées, comme nous venons de le dire, fur l'intérêt commun, firent place à des loix que le confentement général créa: quel fut le but du facrifice que les habitans de cette ville firent alors d'une nouvelle portion de leur liberté? Ce but fut leur bonheur.

Enfin, de la réunion de ces villes, naquirent les Empires grands ou petits. La véritable politique s'établit par les droits que ces nouveaux corps fe donnèrent les uns fur les autres, d'où naquirent de nouveaux devoirs, & le bonheur de chacun d'eux fut encore le but de ces grandes affociations.

L'intérêt général s'établit donc, & fa maffe impofante n'a pu faire oublier que l'intérêt des individus le forma; il n'a pas dû perdre de vue que ce fut fur le bonheur perfonnel de chaque fociétaire, que la fociété fe créa l'idée du bonheur général.

Or, de là il réfulte que les bafes d'une Conftitution fage ne feront pas affurées tant que les droits & les devoirs des hommes ne feront pas clairement établis par de bonnes loix. La liberté domeftique, la première de toutes, repofe fur la connoiffance des droits & des devoirs des pères & mères envers leurs enfans, de ces derniers envers leurs parens, des frères envers leurs frères, des domeftiques envers leurs maîtres, des voifins même envers leurs voifins.

Ce font de ces droits, de ces devoirs, que font découlés comme de leur fource ceux des Citoyens envers les autres Citoyens confidérés refpectivement comme particuliers fujets à la Loi; ainfi que de ceux-ci font fortis ceux des Citoyens envers la patrie, & ceux de la patrie envers les Citoyens confidérés comme fouverain, comme peuple.

Et que m'importe le droit de décider de la paix & de la guerre, d'en préferver les frontières, fi, dans l'intérieur de ma maifon je ne puis l'éviter; fi, femme foumife à des loix qui ne font pas égales, je cours à chaque inftant des rifques pour ma vie, fi je fuis livrée à la brutalité d'un homme avec lequel je n'avois defiré une fociété éternelle que pour mon bonheur & le fien ; fi, mari, je ne puis obtenir cette paix dans mon ménage, d'une femme qui profite de la Loi pour rendre mon malheur éternel & pour le multiplier.

Que m'importe le droit de refponfabilité acquis fur les Miniftres, le droit de nommer des Magiftrats, celui plus précieux encore de faire des loix, fi je puis être à chaque inftant tyrannifé, pillé dans ma maifon ; fi je ne puis réprimer, dans mon propre ménage, les abus dont les dépofitaires de mon autorité, dont mes repréfentans ont garanti la Nation.

Oh Peuple ! qui vous prétendez libre parce que la liberté politique & la liberté civile vous font rendues, joignez-vous à moi ; que les Légiflateurs que vous vous êtes donnés achèvent leur ouvrage !

Qu'ils laiffent, qu'ils laiffent à leurs fucceffeurs, s'ils le veulent, le foin de la confection des loix, mais de celles qui doivent régir les chofes & les actions ; qu'ils fixent au moins celles qui décident de l'état des perfonnes. Vous êtes fils, époux, pères, frères, voifins, avant d'être Citoyens, ou plutôt ce font ces premiers titres qui vous font Citoyens ; plus vos Repréfentans ont apporté d'attention à revendiquer les devoirs & les droits de la fociété, plus ils doivent fentir l'importance de fixer les droits & les devoirs par lefquels vous tenez aux différens membres de cette fociété.

Et vous, femmes, qui, malgré les avantages dont elle vous a pourvues, vous plaignez quelquefois de la nature, & qui avez droit de vous plaindre des loix, félicitez-vous : d'après les principes de cette Conftitution nouvelle, vous ne vous plaindrez plus de celles qu'elle enfantéra. Les anciennes ne condamnoient, dans certains cas, que vous feules, quoique vous fuffiez moins coupables que les hommes qui vous abandonnoient : renoncez au droit d'agir en Souveraines, c'eft là le foible

des efclaves ; ils n'aiment à commander que parce qu'ils
fe fouviennent trop d'une fervitude qui les dégrade à
leurs propres yeux. Compagnes fidèles, chéries de maris
que vous rendrez heureux, adorées d'enfans dont vous
préparerez le bonheur par l'éducation, refpectées par la
fociété qui vous devra fa force puifqu'elle tiendra de
vous, & des hommes robuftes & de véritables Citoyens,
vous ne ferez plus féparées avant d'être veuves, ni veuves
avant d'être féparées. La Loi vous préfervera d'une
tyrannie éternelle par les mêmes moyens qui mettront à
couvert, de celle que vous pourriez exercer, ces hommes
qui font vos égaux, & qui doivent être vos protecteurs,
comme vous devez être leurs confolatrices. Vos enfans
apprendront par votre bonheur à former des liens pareils
aux vôtres. Le fordide intérêt n'y préfidera plus ; le fils
cherchera, non une femme auffi riche, mais une époufe
auffi vertueufe que fa mère. La fille ne regrettera plus
l'homme de Cour, & fe félicitera de pouvoir choifir,
entre plufieurs Citoyens eftimables, celui qui lui paroîtra
reffembler davantage au père qui fut être en même
temps fon ami.

Et je propofe le Divorce, moi !... Oui : il ne
rompra jamais de pareilles unions. Pour écarter la chofe
qu'on regarde comme dangereufe, qu'on fe familiarife
avec le mot. S'il eft adopté (& pourroit-il ne pas l'être !)
le Divorce fervira au contraire à rétablir les mœurs & à
refferrer ces liens qu'il importe à la fociété de rendre
éternels. La contrainte ne peut que les rompre ; ce ne
peut être que le bonheur de ceux qu'ils attachent qui en
affure la durée. Exiftent-ils encore ces liens qui font le
charme de la vie, lorfque la confiance n'exifte plus ? En
refte-t-il la moindre trace, lorfque la féparation devient
néceffaire ? Miniftres des loix, vous qui la permettez cette
féparation qu'aucune loi ne vous a prefcrit de prononcer,
vous frémiffez lorfqu'elle vous eft démontrée indifpenfable ;
& vous vous féliciterez fans doute de ce que vos bou-
ches ne feront plus falies par la prononciation de pareils

jugemens ; ils ne peuvent trouver de. défenseurs que dans ceux qui marchent sous les drapeaux de l'immoralité ; & la société impolitique, qui, au lieu de le réformer, adopteroit pour loi l'usage de vos Tribunaux, seroit une société d'hommes qui ne sentiroient pas que les mœurs font la force d'un Empire, & qu'elles assurent le bonheur des Citoyens.

CHAPITRE PREMIER.

Les séparations entre époux sont impolitiques & immorales.
Le seul moyen de les détruire est de rétablir le Divorce.

L'Eglise gémit sans doute du scandale occasionné par les séparations d'une multitude d'époux, & la société éprouve combien ce remède que l'usage a consacré, au mépris des loix, est impolitique & immoral.

Je dis l'usage, parce qu'il n'existe aucune loi qui permette les *séparations* qu'on ne doit pas confondre avec le *Divorce*. Aucun Législateur n'a été assez déraisonnable pour dire : *Quand deux époux ne se conviendront pas, on les autorisera à vivre séparément, & pour expier l'erreur où ils ont été de s'être crus nés l'un pour l'autre, notre volonté les condamne à vivre dans une continence forcée qui les fera désirer respectivement la mort de leur ennemi, ou dans un libertinage qui accélérera la dépravation des mœurs.* L'ordre du massacre de la Saint Barthelemi, les ordonnances contre les relaps & apostats, la révocation de l'Edit de Nantes, la permission d'exécuter les *autodafés*, ont pu être signés ; mais réunir à une Ordonnance aussi horrible que ces dernières, un ridicule plus grand que celui de faire son cheval Consul, c'est ce qu'aucun Législateur ne s'est encore permis.

Les séparations n'existoient pas quand les loix étoient suivies. Ce remède n'a été mis en usage par les Magis trats, que lorsqu'ils se sont crus dans l'impuissance de prononcer d'après la loi ; or cette impuissance n'a été supposée que d'après les décisions que se sont permis de rendre des Papes & des Evêques, aussi zélés défenseurs de leur autorité, que hardis à dépouiller les puissances temporelles de la leur. Et dans quel temps? dans des siècles où il suffisoit de prononcer le mot de Religion, pour que les Ecclésiastiques prétendissent que la connoissance d'une cause devoit leur appartenir. C'est par les suites de cette politique, qu'ils s'emparèrent du droit de légitimer les bâtards, & de déclarer tels des enfans dont la naissance ne portoit pas cette tache ; qu'ils condamnèrent des prêtres au célibat ; qu'ils disposèrent, sous le prétexte de vœux nouvellement institués, de la liberté perpétuelle des Moines & des Religieuses ; qu'ils décidèrent enfin que les mariages étoient tellement indissolubles, que *l'adultère* même ne pouvoit les rompre, en se réservant, sous le prétexte de défaut de dispenses & autres nullités, &c. le droit de casser ceux-mêmes dont on ne se plaignoit pas.

Et effectivement tout ceci étoit d'une discipline très-récente, car l'Eglise des premiers siècles, soumise pour toute sa discipline extérieure aux Empereurs, n'avoit exigé ni de Constantin, ni de ses successeurs des loix nouvelles qui détruisissent les anciennes, & particulièrement celles qui avoient le divorce pour objet. Or, dans les loix Romaines recueillies, adoptées ou portées par des Empereurs Catholiques, il n'en existe aucune pour des séparations de Corps qui laissent subsister les liens du Mariage, en éloignant les époux ; mais on en trouve pour le divorce, parce qu'il n'est pas d'autre remède politique & moral contre des unions mal assorties, & devenues par cette raison tellement insupportables, qu'elles donnent quelquefois lieu aux plus grands crimes, & presque toujours à des vices qui relâchent & divisent souvent les liens de la société politique.

Le divorce dans l'état du Mariage, la fuite du cloître

dans l'état Réligieux, étoient, dans les premiers fiècles de la Religion chrétienne & de la vie monaftique, la reffource feule, mais fuffifante de ceux qui avoient pris des engagement au deffus de leurs forces, & il eft à remarquer que la difcipline qui a établi dans l'occident l'indiffolubilité du lien du Mariage, eft de la même époque que celle qui a permis & autorifé l'abdication perpétuelle de la liberté fous le prétexte de vœux folemnels (1).

(1) En réuniffant les preuves tirées des Conciles, des Loix civiles & de l'Hiftoire, on verra que l'opinion de l'indiffolubilité du lien du mariage n'a été clairement profeffée que depuis le douzième fiècle. La marche chronologique que MM. Linguet, dans fon ouvrage intitulé : *Legitimite du Divorce*, & Hennet dans fon *Traite du Divorce*, ont fuivie pas à pas, le prouvera à tous ceux qui voudront étudier la matière. J'invite fur-tout ceux qui pourroient douter de l'exactitude de leurs citations, d'après ce que M. l'Abbé de Chapt de Raftignac reproche à ce dernier, de recourir au texte cité. Quant à mon affertion relative aux vœux, fi on confulte St. Bernard, ce Docteur appelé la lumière du douzième fiècle, on verra, dans l'Epître 76, qu'un religieux pouvoit fortir du cloître & fe marier; qu'un pareil mariage n'étoit pas nul, & que par conféquent le vœu perpétuel n'a commencé à être un empêchement dirimant que fur la fin de ce fiècle, & feulement après la fublime diftinction que le Pape Alexandre III admit entre les vœux fimples & les vœux folemnels.

On ne trouvera dans le droit canon aucune loi plus ancienne que la décifion de ce Pape, dont on a fait le chapitre *minimus extrà*, au titre *qui clerici aut voventes*, décifion fuivie par Innocent III, même titre, chapitre *infirmante*.

Cette décifion eft abfolument contraire à celle de St. Léon, Pape, qui, fans diftinguer entre le vœu fimple & le vœu folemnel, dans un fiècle où les Papes cherchoient moins à conquérir fur la puiffance féculière, &, fans prétendre qu'un tel mariage étoit nul, foumettoit à une pénitence celui qui abandonnoit la profeffion religieufe pour fe marier; *quia etfi honeftum poteft effe conjugium, electionem tamen meliorem deferuit*, parce que quoique le mariage puiffe être honnête, le religieux a cependant abandonné une meilleure vocation.

Le droit civil étoit d'accord avec le droit eccléfiaftique,

Ces derniers viennent d'être proscrits en France, comme inconstitutionnels; je ne crois pas qu'on ait prétendu ôter à un homme le droit de disposer de sa liberté par des vœux perpétuels; car c'eût été gêner l'exercice de la liberté individuelle : mais rien de plus sage que de voir le législateur retirer l'autorité coactive qui forçoit un Citoyen à tenir un vœu souvent indiscret, souvent forcé, souvent violé, & alors presque toujours scandaleusement violé. Tout particulier peut faire des vœux & les tenir : de même si le divorce se rétablit, ceux qui, comme pour l'état Religieux, prennent les Conseils du livre Saint pour des préceptes, ceux qui sont attachés a la très-nouvelle discipline de l'indissolubilité du Mariage, même en cas d'adultère, comme tout bon catholique l'est au dogme, ceux-là feront bien les maîtres de garder même dans ce cas leurs épouses, ou en s'en séparant, de se vouer jusqu'à leur veuvage à un célibat volontaire; mais la certitude du crime prouveroit que la loi violenteroit la nature, si elle condamnoit à une continence éternelle celle qui seroit prouvée coupable, & qui souvent ne l'est que par la faute d'un mari violent, impuissant ou libertin, & quelquefois assez adroit pour ne se permettre publiquement aucuns sévices, quoiqu'il se les permette à l'excès, lorsqu'il ne craint pas de donner à sa femme des témoins des outrages dont il l'accable.

Nous traiterons plus particulièrement cette matière en examinant les peines imposées aux femmes adultères par la fameuse loi de l'authentique, & nous démontrerons que son application est aussi éloignée de l'esprit de douceur qui renvoie la femme accusée, que la discipline ac-

---

car il n'étoit défendu absolument aux moines de se marier, par la loi *si quis autem*, que dans le cas où ils auroient été élevés aux ordres sacrés supérieurs, & non à ceux de chantres ou lecteurs; & la seule peine portée contre ces derniers qui quittoient la vie monastique pour prendre des épouses, étoit d'être exclus totalement du Clergé.

tuelle des Romains occidentaux eſt éloignée de celle des Catholiques orientaux auxquels les Papes n'ont fait nul reproche d'uſer du divorce. Occupons-nous maintenant des ſuites de cette nouvelle diſcipline qui a interrompu l'uſage des loix, ſans qu'une nouvelle loi ait abrogé les anciennes.

Je dis, ſans qu'une nouvelle loi ait abrogé les anciennes : effectivement je ſuppoſe qu'au lieu de ſe borner à ſolliciter dans un Tribunal une ſéparation, une femme ſe pérmît de conclure au divorce, & je me demande, que feroient des Juges, qui, d'après les Décrets de l'Aſſemblée Nationale, ne peuvent plus prononcer que conformément à la loi? En trouveroient-ils qui leur ait preſcrit de n'accorder que la ſéparation? Non. Il n'en eſt aucune qui leur ait ordonné une ſemblable abſurdité, & cette demande feroit ſentir combien eſt ſage ce Décret, & combien il étoit ridicule de laiſſer à ceux qui doivent appliquer la loi, le droit d'en établir une contraire, & d'étouffer celle qui exiſte, ſous prétexte de l'interpréter.

En France, donc, quoique Saint-Matthieu ait rapporté que le légiſlateur divin a décidé le contraire, l'uſage depuis quelques ſiècles eſt que le Mariage eſt tellement indiſſoluble, que l'adultère même ne peut le rompre.

C'eſt depuis que cette diſcipline eſt conſtante, c'eſt depuis que l'uſage des Tribunaux l'a conſacrée, que les ſéparations ſont devenues néceſſaires, & qu'elles ſe ſont autant multipliées que les divorces étoient rares avant ce temps.

C'eſt auſſi depuis cette époque :

1°. Que le nombre des célibataires s'eſt augmenté outre meſure, quoique le nombre des moines ait viſiblement diminué.

2°. Qu'on a vu les plus horribles exemples des fureurs auxquelles pouvoit porter le déſeſpoir d'époux qui ne voyoient la fin de leurs maux que dans la ceſſation de l'exiſtence de l'un d'eux.

3°. Qu'on a vu l'éducation des enfans négligée par des

parens qui ne pouvoient pas même s'accorder fur ce point, & prefque toujours dérangée par le détail des querelles domeftiques, & par le mauvais exemple qui en eft auffi fouvent la fuite que le prétexte.

4°. Qu'on a vu ces Mariages combinés par l'avarice & l'ambition des Pères & Mères, qui ont fait un trafic tellement honteux de la main de leurs enfans, & fur-tout de leurs filles, qu'il étoit auffi révoltant pour la Société que pour leurs victimes; abus qui dénaturera encore plus nos mœurs, puifqu'on leur donnoit au moins à choifir entre l'époux propofé & le cloître, reffource qui eft ôtée aujourd'hui à celle qui auroit pu préférer ce dernier.

5°. Qu'on a vu enfin, les fils étrangers au mari, féparé de fa femme par un Arrêt, être préfentés effrontement par une époufe adultère, & obtenir dans le même Tribunal qui avoit prononcé la féparation, & un nom qui ne leur appartenoit pas, & une part égale aux enfans légitimes, ou la totalité d'une fucceffion à laquelle ils n'avoient aucun droit.

En ne développant que ces cinq efpèces d'inconvéniens majeurs, je n'oublie point que plufieurs autres accompagnent les féparations. Rendre l'adminiftration de fes biens à la femme étoit un acte de juftice; fouvent cela dérangeoit en entier la fortune d'un mari qui jugé tracaffier & violent pouvoit être honnête homme, & bon adminiftrateur, & fouvent auffi la fortune des enfans fouffroit également de cette difpofition. Quoique la femme eût l'adminiftration de fes revenus, on exigeoit cependant que le mari répondît des fonds, des principaux rembourfables, &c. ce qui étoit une chofe auffi ridicule qu'injufte. Mais ce qui l'étoit davantage, c'étoit de forcer des gens qui ne pouvoient fe fouffrir, d'avoir, après leur féparation prononcée, des intérêts communs, & tels que le mari pouvoit s'oppofer aux projets les plus juftes d'une femme fenfée, ou faire manquer l'occafion de les réalifer, dès qu'il étoit queftion d'une aliénation avantageufe; c'étoit enfin d'obliger la femme à recourir à une autorifation bien inutile dans quantité de cas , & qui la forçoit fouvent à faire des facrifices contre le vœu de la Loi , en faveur d'un mari affez peu délicat pour les exiger.

Ne doit-on pas mettre au même rang, pour ceux qui étoient obligés d'agir en féparation, un autre inconvénient bien réel & bien affligeant; c'eft qu'il n'exiftoit nulle jurifprudence conftante qui pût remplacer la Loi qui n'exiftoit pas , & que les mêmes tribunaux, qui pendant deux ou trois ans avoient l'air d'accueillir, prefque fans examen , toutes les réclamations des femmes, quelque minutieufes qu'en paruffent les objets, tomboient enfuite dans un excès contraire, & rejetoient beaucoup de celles qui paroiffoient mieux fondées que les premières , parce que ces demandes devenant trop multipliées , ils croyoient, pour l'intérêt public , devoir les rendre moins communes; & c'étoit alors , ce qu'en termes du Palais, les magiftrats appeloient *tirer le verrou.*

Qu'entendoient-ils par ce terme ? Il eft, j'en conviens, très-fignificatif; mais il étoit auffi infultant que le fait étoit barbare. Fermer le verrou du Temple de la Juftice ! Eh ! fa porte devoit toujours être ouverte aux malheureux; fermer le verrou du cachot domeftique d'où les victimes du defpotifme conjugal faifoient parvenir leurs plaintes ! c'étoit une atrocité. Juges fouverains, exifte-t-il un troifième fens ? faites-moi le connoître ; il m'en coûte trop de vous prêter l'un de ceux-ci.

Ajoutez à ces traits la jurifprudence barbare du Parlement de Bretagne : le même Arrêt par lequel cette Cour arrachoit à la brutalité d'un mari une femme vertueufe dont la bonne conduite étoit parfaitement prouvée, condamnoit cette femme à une réclufion prefque femblable à celle qui devoit être la peine de l'adultère; elle la forçoit de fe retirer dans l'intérieur d'un couvent cloîtré pendant toute la vie du mari. Que fignifioit cette jurifprudence ? Le fupplice dû au crime : cela ne fe peut , car le mari feul étoit coupable & libre , ou les Juges
étoient

étoient des prévaricateurs. Une précaution contre la fragilité d'une femme vertueuse jusqu'alors ! Ah ! cette dernière raison prouvoit combien les séparations étoient absurdes & dangereuses, dès qu'elles ne garantissoient ni du danger, ni même de la crainte un époux qu'on rendoit veuf.

Ier. INCONVÉNIENT DES SÉPARATIONS.

Célibataires multipliés.

Je ne répéterai point ce qu'ont écrit, au sujet de l'augmentation du nombre des célibataires, plusieurs Auteurs.

Ils ont pu dire avec raison que les séducteurs les plus hardis & les plus dangereux pour le sexe étoient des époux libertins ou exilés de leur lit, soit par l'inconduite, soit par la mauvaise humeur de leur moitié ; & que des épouses séparées, délaissées ou maltraitées de leurs maris, servoient à dégoûter les jeunes gens du plaisir de l'hymen, en leur en offrant de plus faciles, de moins gênans & de moins dispendieux, en même temps que par leur nombre effrayant elles leur donnoient une mauvaise idée de leur sexe.

Mais je supposerai une ame honnête, & il s'en trouve encore.

Si c'est un homme, il se rendra compte de l'idée qu'il se forme du mariage ; ce lien qui fut heureux pour quelques-uns, lui paroîtra redoutable lorsqu'il se dira : « c'est » pour mon bonheur & pour le bonheur de celle qui daignera » s'associer à mon sort que nous contracterons des nœuds » indissolubles : si nous nous sommes trompés, & que le » ciel ne nous ait pas fait naître l'un pour l'autre, je ne » serai pas heureux. Eh bien ! je me sens le courage de » faire tous les sacrifices, même celui de mon propre » bonheur, pour que la personne à laquelle je serai » uni soit heureuse, & que je sois le seul à plaindre ;

Observ. sur le Divorce, par M. Bouchotte. B

« mais , malgré l'héroïfme de ce projet , malgré mon
» exactitude à le fuivre , il peut arriver que mes facri-
» fices foient en pure perte , & que je ne réuffiffe pas
» même à faire, aux dépens du mien , le bonheur de ma
» compagne : alors , quelle reffource !..... une fépara-
» tion !..... ou une cohabitation forcée encore plus
» affreufe !..... En ruinant mes efpérances, la fépara-
» tion ne me laiffera pas même la poffibilité de tenter
» de retrouver le bien que j'avois cherché , que je defi-
» rerai avec d'autant plus de chaleur que je l'aurai
» manqué, & qu'il me fera impoffible d'y prétendre...
» Impoffible ! oui , à moins qu'une de ces liaifons con-
» damnées par ma créance & par la fociété ne me la
» procure. Impoffible ! oui , à moins que la mort de
» celle que je regarderai & qui fera devenue alors mon
» ennemie, ne me permette de tenter de nouveaux liens.
» Quoi, fa mort !..... Il faudra, pour mon bonheur,
» que je la defire !..... Séparé ou non , dans mon
» lit , la dernière idée qui fe préfentera au moment de
» mon fommeil, la première qui frappera mon efprit
» à l'inftant de mon reveil, fera donc : *Ai-je enfin, le*
» *bonheur d'être veuf ?* Cette idée cruelle troublera mes
» fens , foit qu'ils foient réveillés par la douleur, foit
» qu'ils foient affoupis par la fatigue. Plus je ferai d'ef-
» forts pour l'éloigner , plus elle acquerra de force ,
» & j'aurai , par ma propre expérience, l'horreur d'être
» perfuadé qu'à tous les inftans du jour & de la nuit ,
» la même idée fe préfente aux fens égarés d'une femme,
» dont j'aurai fait involontairement le malheur ; malheur
» que ma mort feule peut faire ceffer. Ah ! renonçons
» aux charmes de l'hymen plutôt que de courir le hafard
» de voir mon cœur déchiré par la crainte d'un fem-
» blable avenir , crainte que le moindre refroidiffement
» pourroit faire naître , & qui, venue une fois, feroit
» peut-être hélas trop tôt fuivie de la réalité. »
A ces réflexions une femme plus timide y joindra cette

crainte que la pudeur naturelle à son sexe lui donne ; elle redoutera d'être obligée d'effrayer les Tribunaux & le public du récit de ses malheurs pour obtenir ! quoi ? une séparation , après la prononciation de laquelle , sans adoucir les maux que nous venons de peindre , l'arrêt ajoute encore , au regret d'avoir été forcée de diffamer son époux , la peine non méritée d'une continence éternelle & souvent de l'opprobre qui suit l'irrégularité des mœurs. C'est un texte inépuisable pour la médisance des dévots & la calomnie des libertins, que cette prétendue irrégularité de mœurs , dont le public accuse si légèrement , & dont les torts d'un mari , consacrés par un jugement , ne lavent pas une femme aux yeux de ceux qui voient avec humeur la paille dans l'œil de leur prochain, & qui bien plus souvent encore l'y supposent (1).

Ajoutez de plus pour les femmes ces loix gothiques & barbares ; qui , lorsque nous les traitons en souveraines dans la société , les traitent en esclaves pendant leur vie , & ne leur permettent même pas, dans quelques-unes de nos coutumes, de mourir libres , puisque dans certaines Provinces elles doivent obtenir de leur mari la permission même de faire un testament.

Et je me permettrai de demander s'il est étonnant, d'après nos mœurs, nos loix & nos usages , de voir autant

---

(1) On accuse volontiers de cet excès de charité chrétienne les femmes d'une vertu austère, & sur-tout celles qui s'étant privées volontairement du plaisir de l'hymen , sont parvenues à l'apogée du commandement dans les Communautés. *On ne compatit guères aux maux qu'on ne ressent plus* , dit un plaisant comique, & il a dit vrai ; à plus forte raison, lorsqu'on imagine qu'il est de la dignité de sa place, de faire croire qu'on ne les a jamais ressentis : alors les pailles vraies ou supposées paroissent des poutres ; on tracasse les pauvres recluses sur les liaisons les plus naturelles ; on transforme un médecin , un conseil , un directeur même, s'il le faut, en personnes suspectes ; & on les damnera charitablement, si une façon d'agir aussi chrétienne leur fait desirer le divorce ou le veuvage.

de Célibataires , autant de Chanoineſſes. Depuis que la raiſon a fait des progrès , ils habitent moins les cloîtres ; mais nos ſpectacles, nos cafés , nos couvens mêmes ſont des lieux bien peuplés , & de ceux qui redoutent le lien du mariage , & de ceux qui ont à s'en plaindre.

La loi civile n'a point condamné le divorce , le dogme catholique ne l'a point réprouvé, la diſcipline latine qui y répugne , n'eſt ni ancienne ni univerſelle ; les vœux qui attachoient à nos Monaſtères viennent d'être déclarés inconſtitutionnels , & nos villes ſeront peuplées cependant d'autant de Célibataires , état également inconſtitutionnel , lorſqu'il eſt forcé ; à moins que la même autorité qui a prononcé ſur les vœux monaſtiques, ne décrète auſſi que le vœu de vivre enſemble éternellement eſt inconſtitutionnel, lorſqu'il rend homicide de volonté , lorſque l'adultère , les attentats à la vie, les mauvais traitemens, la diffamation , l'antipathie d'humeur & autres ſuffiſantes cauſes prouvent qu'en déſuniſſant deux êtres viſiblement peu faits l'un pour l'autre, *on ne peut déſunir ce que Dieu a uni* (1). Ce maître de la nature ne ſe trompa certainement pas en créant Eve pour Adam : c'eſt donc l'homme qui s'eſt trompé , s'il ſe trouve dans l'un de ces cas , dont malheureuſement on ne cite que trop d'exemples.

______

(1) Dans ces mots : *Que l'homme ne ſépare pas ce que Dieu a uni* , je vois parfaitement la défenſe faite à un ſéducteur de mettre le trouble dans un ménage qui fait le bonheur de deux époux : j'y vois que la morale de l'Evangile eût condamné les offres faites par David *à Bethſabée* , ainſi que , ſans les empêcher , elle a condamné les lettres-de-cachet qui ont envoyé en exil *les Uries* des derniers ſiècles. L'uſage du Divorce n'eût peut-être pas empêché l'adultère ; mais, à coup ſûr, il eût prévenu l'aſſaſſinat , le poiſon & la mort plus affreuſe encore de ceux qui l'ont invoquée pendant dix, vingt & trente ans dans les cachots de la Baſtille , de Bicêtre même , parce que leur femme avoit trouvé grace devant les yeux d'un Roi, d'un Favori ou d'un Secrétaire d'Etat.

IIe. INCONVÉNIENT DES SÉPARATIONS.

Fureurs auxquelles pouſſe le déſeſpoir des époux.

Retracerai-je ces exemples terribles de la haine entre deux époux ? N'eſt-ce pas un mari d'une condition ordinaire, qui n'ayant pû corriger ſa femme, ou ſupporter ſes defauts, a été condamné au dernier ſupplice pour avoir hâté ſa mort en prenant d'horribles précautions pour qu'il parût qu'une perte étoit la cauſe naturelle de cet affreux évènement (1) ? Si le divorce eût eu lieu, le crime ſe ſeroit-il commis avec cette circonſtance abominable ?

Le divorce n'eût peut-être pas empeché la Leſcombat d'avoir des amans ; mais ſi ce remède eût exiſté, la ſociété eût-elle eu à punir le meurtre de ſon mari ? l'amour peut aveugler une femme, un mari, au point de leur faire négliger, de leur faire oublier leurs plus chers intérêts ; mais le déſeſpoir ſeul peut conduire à des crimes atroces ; je le crois pour l'honneur de l'humanité. Ah ! diſcipline plus dure que le précepte qui devoit te diriger , uſage plus barbare que la loi dont tu fis taire la voix ; quels maux n'avez-vous pas fait ? ſi vous avez conduit des ames tendres, mais égarées par un ſentiment impétueux, aux forfaits les plus noirs, & deſquels leur propre ſenſibilité devoit les éloigner, ne les préveniez-vous pas, ſi vous euſſiez laiſſé ſubſiſter le remède que la raiſon avoit indiqué , que la loi civile

---

(1) Le bailliage de Bar-ſur-Seine s'eſt vu forcé de condamner, il y a quelques années, le nommé Bogue , . . . accuſé d'avoir aſſaſſiné ſa femme, en ſe ſervant d'une broche de fer, pour qu'on crût ſans doute que ſa mort étoit l'effet d'une maladie naturelle à ſon ſexe. Quel ſang-froid dans le crime ! Ah ! rigoriſtes outrés , qui voulez faire dominer votre opinion : des roues , des potences & des feux ſont-ils des remèdes ? Ils ſont les ſeuls cependant que votre intolérance nous réſerve, puiſque c'eſt elle qui nous force à être les témoins de crimes pareils , dont cette intolérance vous rend les complices aux yeux de la raiſon.

avoit adopté & que la religion n'a jamais condamné (1) ; car elle fut instituée cette religion sainte pour la félicité, & non pour le malheur de la société ?

Écartons les regards de ces séjours de deuil & de tristesse, où des maris abreuvoient un mauvais grabat de leurs larmes, & ces cachots sanctifiés aux

____

(1) Jamais condamné ; non, jamais ce qui ne fut pas défendu depuis la naissance de Jésus-Christ jusqu'au-delà du douzième siècle ; ce qu'on pratiqua en France jusqu'à la même époque avec tous les pays soumis au Patriarchat d'Occident ; ce qu'on a continué de pratiquer depuis jusqu'au temps présent dans toutes les Communions orientales, sans que les Conciles l'aient défendu ; ce qu'aucun Concile n'a condamné, pas même celui de Trente, ne fut jamais un point de foi. Tous ceux qui liront le Décret du Concile de Trente, sentiront parfaitement qu'il n'a traité ce point que comme un point de pure discipline : c'est ce que nous nous réservons de démontrer. Ce Concile n'a pas été publié, sa discipline n'a pas été acceptée dans le royaume, & je ne puis pas plus croire, comme Catholique François, que nos tribunaux n'aient pas le droit de prononcer une sentence de divorce, que je ne puis penser que nos magistrats encourent l'anathême, quand, conformément aux loix du royaume, ils déclarent nul ou non-valablement contracté un mariage fait par un fils de famille sans le consentement de ses parens, quoique, d'après un autre Décret du Concile de Trente, cette peine d'anathême soit prononcée contre *ceux qui nient que tels mariages soient vrais & valides, & qui soutiennent faussement que les mariages contractés par les enfans de famille, sans le consentement de leurs parens, sont nuls.* Le motif qui fait admettre en France l'opinion contraire à ce Canon (exprimé bien plus fortement que celui qui condamne le Divorce, mais aussi de pure discipline), *c'est qu'on n'a jamais douté,* comme le dit M. Talon en 1677, *que les Empereurs Chrétiens n'aient été les maîtres souverains & les seuls juges des conditions qui peuvent valider ou annuller les mariages. N'est-ce pas l'Empereur Théodose, ajoute-t-il, qui a prohibé les mariages entre cousins-germains ?* Ne peut-on pas dire aussi : ne sont-ce pas les Empereurs Théodose, Valentinien & Justinien qui ont promulgué les loix qui permettent le Divorce ? Cette note est pour ceux qui n'auroient pas la bonté de lire la seconde partie de cet ouvrage.

yeux du peuple fous le nom de couvens , où des femmes étoient foumifes à ce fupplice affreux. Les uns & les autres, détenus dans une horrible captivité , defiroient la 'mort & appeloient inutilement à leur fecours leurs époux & leurs époufes qu'ils ne foupçonnoient quelquefois pas d'être les moteurs, ou les complices d'une prifon défefpérante , & fouvent ignorée du prince qui étoit cenfé en avoir figné l'ordre.

Graces au ciel, ces derniers défordres ne fubfifteront plus ; nous en devrons la fin à la conftitution , qui en laiffant au monarque le droit précieux de faire le bien , préferve fa réputation du mal qu'on eût fait fous fon nom. Mais le fer , le poifon employés par des époux.... tirons le rideau fur ces fcènes d'horreurs , dont les caufes célèbres & les regiftres des Greffes criminels nous confervent la mémoire. Elles font rares cependant , fi on confidère combien le défaut de mœurs publiques eft voifin du crime , & combien peu nous approchons de cette moralité defirable pour le bonheur de la fociété. En effet, elle n'exifte ni dans la manière dont fe traitent les mariages , ni dans celle dont l'éducation des enfans eft foignée , ni dans celle dont vivent enfemble des époux que le hafard & des combinaifons étrangères au goût ont prefque toujours réunis , & qui feroient d'ailleurs éloignés l'un de l'autre par les abus tyranniques d'autorité de la part des maris, & par ceux non moins tyranniques des ufages de la part des femmes.

Le récit d'un crime atroce fait frémir toute ame fenfible ; mais ceux qui par état fe font rendre compte des motifs du crime , & qui confidérant enfuite la corruption générale , voient ces mêmes motifs répandus dans toutes les claffes de la fociété, ceux-là fentent fuccéder à l'horreur un nouveau fentiment ; ils fe croient forcés de remercier le ciel de ce qu'il ne fe trouve, d'après cette comparaifon, qu'un petit nombre de coupables , & ils finiffent par fupplier l'Eternel d'infpirer les légiſlateurs des Nations, pour qu'ils purifient la maſſe de ces mœurs publiques par de meilleurs loix. Tel eſt le ſentiment que nous éprouvons dans ce moment.

IIIᵉ. INCONVÉNIENT DES SÉPARATIONS.

L'éducation des enfans en ſouffre néceſſairement.

Nous avons dit qu'au moyen des ſéparations, l'éducation des enfans eſt négligée, & qu'elle eſt preſque -toujours dérangée par le détail des querelles domeſti-ques, & par le mauvais exemple qui en eſt auſſi ſouvent la ſuite que le prétexte.

Tout le monde conviendra que ce portrait n'eſt qu'une foible eſquiſſe de ce qui ſe paſſe tous les jours dans les ménages déſunis, ſoit que les époux vivent enſemble, ſoit qu'ils ſoient ſéparés.

Ne ſont-ce pas des enfans, témoins, dans l'intérieur, des querelles du ménage, & voyant tour-à-tour l'humeur & la colère animer leurs parens, qui ſe permettent de juger de leurs torts, & qui ſont alternativement portés à prendre part dans des querelles dont ils devroient ſe contenter de gémir? N'eſt-ce pas par là que ces enfans apprennent à peu reſpecter ceux qui ſe reſpectent ſi peu, & qu'ils ſe préparent, par leurs propres réflexions ſur ce qu'ils voient & entendent, l'impoſſibilité de ſe mieux conduire dans leur propre ménage (1), ſous le prétexte

(1) Je citerai un fait qui prouvera combien l'exemple eſt pernicieux. Un père & une mère ſe ſont ſéparés de plein gré ; ils avoient un fils & une fille : cette dernière imita ſa mère ; mais elle plaida, obtint ſa liberté, & quitta ſon mari dans l'année, ſans lui laiſſer aucun fruit de leur frêle union. Le fils ſouffrit & fit ſouffrir ſa femme pendant quelques années, & juſqu'à une ſéparation volontaire. Penſe-t-on que les êtres produits ſous de telles auſpices ne propagent pas cet exemple de méſintelligence, ſi de meilleures loix, en admettant le Divorce, n'ôtent pas une reſſource qui prive l'Etat d'une foule d'avantages, tandis que le remède rendroit les époux plus cir-conſpects.

de ne pas vouloir être auſſi bons que leur père ou auſſi ſouffrantes que leur mère?

Dans le cas d'une ſéparation entre époux, l'éducation des enfans ne doit-elle pas ſouffrir néceſſairement de l'aigreur que leur inſpire même involontairement contre le père ou la mère, celui d'entr'eux qui s'eſt chargé d'en prendre ſoin? Les plaintes qu'un amour malheureux & tous les ſentimens qui en ſont la ſuite peuvent dicter à l'époux qui les élève, les careſſe & pleure ſur leur ſort, n'inſpirent-elles pas à ces enfans dès leur bas âge, & un ſentiment de pitié pour celui qu'ils voient gémir, & qui peuvent leur cacher ſes torts, tandis qu'elles étouffent en eux le ſentiment de la nature à l'égard de l'époux ou de l'épouſe abſente? Ah! ce dernier qu'une perſécution horrible (il falloit qu'elle le fût), ce dernier qu'une perſécution horrible a forcé de quitter ce qu'il avoit de plus cher, & de le laiſſer entre les mains de ſon tyran, étoit ſouvent & preſque toujours celui qui avoit le moins de torts, celui qui n'en avoit aucun; & cependant, aux peines que reſſent le premier, ſe trouve uni pour lui, le ſupplice inſupportable d'être privé de ſes enfans, & de craindre d'être calomnié auprès d'eux, d'être peut-être haï de ceux qu'il adore, & dont il mérite d'être aimé.

Des parricides! Dieux! On en cite encore, & des peuples anciens, chez leſquels le divorce étoit permis, ignorèrent & ce crime & ſon nom pendant de longs ſiècles. Non, non, jamais ce crime ne peut être que le fruit d'une éducation vicieuſe; & comment des pères & mères qui ne ſe cachent pas, qui ne cachent pas même au public qu'ils deſirent reſpectivement leur mort, pourront-ils compter ſur ce qu'un ſentiment, auſſi peu naturel que le leur, ne germera pas dans le cœur d'enfans auxquels ils ne prennent pas le ſoin de dérober des vœux auſſi criminels.

Légiſlateurs, peſez cet inconvénient, & rappelez-vous

que le but des loix, à la confection desquelles vous travaillez, doit être moins de punir le crime que de le prévenir. Des gibets, des supplices, de quelque genre que vous les inventiez, feront moins, pour le bonheur du genre humain, que de bonnes mœurs ; & je ne connois, pour les rappeler, que la paix dans l'intérieur des ménages, & la bonne éducation qui en est la suite nécessaire.

IVe. INCONVÉNIENT DES SÉPARATIONS.

Les mariages qui corrompent les mœurs de la société, leur doivent leur multiplication.

Quel étoit ce trafic honteux que l'avarice & l'ambition protégeoient ? Quoi ! des pères & des mères prostituoient le mot d'hymen, en l'attachant à une union qu'ils savoient mal assortie ; mais le mari étoit un grand seigneur, ou il étoit puissamment riche ; souvent son âge promettoit un prompt veuvage...... Et lorsque les victimes sentoient leur cœur se refuser à de pareilles unions, on tâchoit de les intimider en leur donnant à opter entre les monstres auxquels on devoit les livrer, & des vœux qui leur annonçoient une prison perpétuelle, & toutes les privations qui en sont la suite. Souvent, par ce moyen affreux, on décidoit la jeunesse & la beauté de s'attacher à un supplice plus terrible que celui de Mézence (le cadavre auquel ce tyran faisoit lier un être vivant jusqu'à sa mort, n'injurioit ni ne maltraitoit). On joignoit à cette horrible alternative tout ce qui pouvoit séduire ; on représentoit souvent à l'esprit de celles qu'on vouloit immoler, que les mariages d'inclination ne sont pas heureux, & pour ne rien leur laisser à desirer, on leur citoit des exemples.

Où alliez-vous les chercher, monstres plus horribles aux yeux des gens sensés, que ne le sont ces parens dénaturés qui dépeuplent la Circaſſie pour faire avec les Turcs un trafic honteux de leurs filles, car d'après la conſtitution de leur pays, ces dernières, eſclaves chez elles, ne font que changer de maître ; où alliez-vous les chercher ces exemples ? Dans ces unions ſans doute, où le cœur, qui s'étoit donné, avoit été trompé par la perſonne qui s'étoit unie à l'amant, ſans reſſentir la même paſſion. Cette dernière s'étoit vendue comme vous vendez vos enfans ; un intérêt quelconque l'avoit déterminée à feindre une inclination qu'elle n'avoit pas ; l'amour-propre d'être la femme d'un homme de cour, d'un homme riche, du bien duquel elle ſe promettoit d'abuſer ; *des motifs* tous pareils pour des hommes trompeurs ont décidé ces mariages que vous oſez appeler d'inclination.

Irez-vous chercher d'autres exemples parmi ces amans qui ſe ſont fait la cour pendant dix ans & de bonne foi, & qui toujours contens l'un de l'autre, ne ſe ſont pas plutôt trouvés unis par des liens indiſſolubles, qu'ils regrettent de les avoir noués. Eh bien ! oui, vous en trouverez quelques-uns ; mais dites donc alors à vos enfans, que les cœurs ne ſe ſont ſéparés que parce qu'ils n'ont plus trouvé, après leur réunion, cette complaiſance qui avoit fait le charme des dix années antérieures ; que le mari qui s'étoit juſqu'à ce moment félicité d'être eſclave, a voulu reprendre les prétendus droits de maître ; que la femme, aimant à commander, n'a pas voulu perdre la douce habitude qu'on lui en avoit laiſſé contracter ; que les contrariétés qui étoient rares entr'eux, ſont devenues plus fréquentes depuis qu'ils ſe voient plus ſouvent ; que des coups d'épingle redoublés font une bleſſure plus difficile à guérir qu'un coup de poignard ; & j'ajouterai moi, que ſi leurs liens pouvoient encore ſe rompre, ils les chériroient comme ils le faiſoient avant de les rendre indiſſolubles.

Je dirai donc que le ſeul moyen de mettre un frein

à vos vices, pères & mères dénaturés, eft de rétablir le divorce. Les féparations qui rompent les liens les plus chers à la fociété, qui brifent les cœurs fenfibles, ces maux cachés qui furchargent de douleur celles de vos malheureufes victimes qui n'ont pas recours à l'éclat de la féparation, & dont la vie eft un continuel défefpoir; rien de tout cela ne vous effraye: une fille paffera fes plus beaux jours dans les larmes, un fils fentira l'amertume le fuivre jufqu'au tombeau; qu'importe, le nom refte, les graces s'accumulent, les richeffes fe partagent. Eh! que font les mœurs, le bonheur de leurs enfans à des parens qui retirent du couvent une fille de 13 ans, pour la remettre entre les mains d'un vieillard dégoûtant, ou d'un libertin plus révoltant encore? Non, non, ce ne peut être qu'en vous affurant que l'abus de votre autorité ne rend pas le malheur éternel, que les avantages, que vous projetez pour une poftérité que vous ne connoiffez pas, pourront ne pas fubfifter; qu'on rendra à la nature fes droits, au mariage fa dignité, & à vos filles une liberté fans laquelle tout le travail de la conftitution ne leur en affure aucune. Eh! qu'importe la liberté civile & politique, à des êtres que vous condamnez à un efclavage domeftique, plus dur que ne l'eft mille fois celui auquel un tyran peut affujétir. Ce dernier laifferoit au moins à l'ame quelques inftans de relâche; des époux mal affortis & liés pour toujours ne s'en laiffent aucun.

Mais, me dit un ami du divorce, vous avez tort d'attribuer à la féparation ces mariages que vous avez raifon de peindre comme des crimes; au contraire, elle y remédie. Suppofez le mariage indiffoluble, & les époux inféparables, vous multipliez bien davantage les mauvais ménages: admettez la féparation, vous en diminuez un peu le nombre; rétabliffez le divorce, vous les détruifez entièrement.

On fent ici les raifonnemens qui peuvent foutenir ce fyftême: un père ne marieroit pas fa fille s'il pouvoit prévoir une féparation ; une fille ne confentiroit pas à une union, fi elle pouvoit préfuppofer qu'elle aura de pareilles fuites.

Je dépouille l'argument de toutes les graces dont l'auroit embelli l'auteur du Traité du divorce, mais je ne l'affoiblis pas.

Je ne fuis pas de ce fentiment, & nous parvenons cependant au même réfultat. Oui, le divorce détruira l'efpèce des mariages dont je me plains, mais il me paroît qu'il en exifteroit moins fans les féparations. Un père, fans doute, n'a pas le defir que la fille qu'il marie fe fépare ; mais il regarde la féparation comme un remède extrême, dont il efpère qu'elle ne fera pas forcée de faire ufage. Au furplus, les avantages pécuniaires fubfifteront, & la féparation poffible raffure le père fur le bonheur de fa fille. Une jeune perfonne fait vaincre toutes les répugnances que nous venons de peindre, parce que le languiffant état d'une fille, & la dureté qu'elle peut éprouver dans la maifon paternelle, de la part d'une famille mécontente de fes refus, font des confidérations bien puiffantes.

Il en exifte d'autres encore. Elle n'a plus à redouter le danger d'une clôture perpétuelle, puifque les vœux que la dureté des parens & le défefpoir portoient à prononcer, font heureufement profcrits ; mais ne peut-elle pas craindre encore une réclufion momentanée toujours à redouter, quand elle n'enleveroit qu'un printemps à ces plaifirs, dont la privation peine une fille de quinze ans.

Et cette dernière confidération n'eft-elle pas bien propre à décider, à cet âge, celle qui compare ces défagrémens avec la liberté de goûter ces mêmes plaifirs, qui femblent faire l'apanage des jeunes femmes, avec le bonheur d'avoir une maifon & d'y commander en maîtreffe.

Ce bonheur, s'il paroît grand à une femme, quelqu'âge qu'elle ait, doit naturellement féduire celle qui, fille encore, le defire d'autant plus, qu'elle a été foumife jufques-là à une fervile obéiffance.

Alors la féparation eft vue de loin, fi les répugnances

font telles qu'on ne puiſſe les vaincre, ſi les chagrins ſont d'eſpèce à ne pouvoir être dévorés ; on fera à regret, on fera ce qu'une ſœur, ce qu'une couſine, ce qu'une amie ont été forcées de faire : c'eſt au mari à éviter ce malheur. Croit - on que les raiſonnemens décident, lorſque l'exemple peut davantage , lorſque la ſœur qui a eu recours à ce remede extrême, n'eſt pas moins eſtimée, lorſque la couſine n'eſt pas déſapprouvée pour en avoir uſé, lorſque l'amie n'en eſt pas moins libre, quoiqu'elle vive hors de la protection de ſon mari. Ah ! qu'on connoîtroit mal le cœur des hommes, des femmes ſur-tout, ſi on pouvoit croire que l'eſpoir d'un remède, quelque immoral , quelque impolitique qu'il puiſſe être, quelque éloigné qu'on puiſſe le conſidérer, ne les détermine pas plutôt à un engagement éternel, que s'ils ne voyoient aucune eſpèce de reſſource.

Au ſurplus , dans l'une ou l'autre de ces ſuppoſitions, je vous le demande , qu'avez-vous réſolu de faire, Légiſlateurs ? Pourquoi avez vous été chargés de travailler au bonheur de vos Concitoyens ? Ce n'eſt pas ſans doute pour nous donner ou nous laiſſer des palliatifs plus dangereux que le mal ; & vous ſeriez, n'en doutez pas, les plus mépriſables des hommes, ſi pouvant donner le remède, vous tardiez un inſtant....... En eſt-il un autre que le divorce ? Non. Vous n'avez rien fait en ſupprimant les droits féodaux, les titres pompeux de Ducs, la nobleſſe même : pendant des ſiècles, les préjugés des familles ci-devant nobles empêcheront encore cet heureux mélange de Citoyens que vous deſiriez ; des hymens d'autant moins heureux qu'ils auront été forcés par les parens, des nœuds trempés des larmes de jeunes filles auxquelles on aura fait violence , & qui n'auront oſé réſiſter, ſouilleront encore pluſieurs générations. Otez donc tout prétexte à ces abus d'autorité & de tyrannie, en aſſurant à ceux qui en ſont les auteurs, qu'ils ne ſeront pas éternels , & qu'il ne leur aura pas été poſſible de diſpoſer ſans retour d'une liberté qui eſt ſous la ſauve-garde de la loi.

Vᵉ. INCONVÉNIENT.

La ſuppoſition de paternité produite par les ſuites des ſé-
parations , eſt une monſtruoſité même aux yeux du droit.

Dans un moment où la tache de la naiſſance diſpa-
roît , laiſſera-t-on des fils étrangers à un mari , ſéparé de
ſa femme par un arrêt*, ſe préſenter , & obtenir ſouvent,
dans le même Tribunal qui a prononcé la ſéparation , &
un nom qui ne leur appartiendra pas , & une part égale
à celle des enfans légitimes , ou la totalité d'une ſuccef-
ſion à laquelle ils n'ont aucun droit.

Faudra-t-il des exemples pour prouver que ce fait eſt
poſſible ? Une foule d'arrêts rendus ſur des réclamations
d'état le prouve ſuffiſamment. La règle *pater eſt quem*
juſta nuptiæ demonſtrant, étoit juſte chez les Romains ;
elle ſera juſte chez tous les peuples, mais ſeulement *conſ-*
tante matrimonio, & lorſque les liens du mariage pourront ſe diſſoudre ; car, ces liens une fois rompus, la loi que
nous venons de citer n'a plus d'application , & un Concile
d'Evêques françois (celui de Verberie) ſentoit ſi bien
ces raiſons, qu'en traitant de pluſieurs queſtions relatives
au divorce, il décide que ſi *une femme ſe portant bien re-*
fuſe d'accompagner ſon mari dans une autre Province
où il eſt forcé d'aller , *elle ne peut ſe remarier tout le*
tems de ſa vie , mais que le mari forcé de s'expatrier, s'il
ne peut ſe paſſer de femme, peut en prendre une autre.

Cet article de diſcipline traite peut-être trop durement
la femme ; mais à coup ſûr il décide que les enfans
qu'elle auroit faits pendant ſon veuvage volontaire ne pouvoient être ceux du mari abſent : ce qui eſt parfaitement
juſte.

Légiſlateurs, ô vous à qui les peuples devront leur
bonheur, examinez ſi l'adoption peut ſe rétablir : ſi vous
le croyez, rappelez cet antique uſage, au moyen duquel

un homme fe créoit des enfans par fa volonté (1) ; mais
quelle que puiffe être votre manière de voir fur cet objet,

---

(1) La fable nous repréfente Jupiter créant feul Minerve,
Déeffe de la Sageffe, & la faifant fortir de fon cerveau par
fa propre volonté.

Par cet emblême, il me femble que l'antiquité payenne a
voulu nous indiquer qu'un choix, tel qu'il eft fuppofé dans
l'adoption, doit être le fruit de la réflexion & d'une mûre
délibération.

L'ufage de l'adoption étoit répandu chez tous les peuples
anciens ; ils ne croyoient pas pouvoir refufer la confolation
qu'elle préfentoit à l'homme privé du bonheur d'avoir des
enfans & de les voir lui furvivre.

Croira-t-on pouvoir le refufer à ceux dont les fils auront
péri au fervice de la patrie, à ceux qui ne feront privés de
l'efpoir d'une poftérité, que parce qu'ils auront facrifié leurs
forces & toutes leurs efpérances à cette même patrie ?

Un Ecrivain eftimable a prétendu qu'on devoit ôter la faculté de tefter, fous le prétexte que l'homme n'a plus droit
à fes biens après fa mort. Ah ! que les Légiflateurs fe gardent
bien d'adopter cette erreur. Eh ! qui attacheroit, à la propriété,
des hommes auxquels la Loi ôteroit la liberté d'en difpofer
par teftament, & qu'elle condamneroit à laiffer les fruits de
leur économie, de leur travail, à des collatéraux dont ils
auroient à fe plaindre, à ceux qui feroient peut-être leurs
ennemis déclarés ? Cette loi feroit la plus nuifible à la fociété,
en défendant de difpofer en faveur d'un ami pauvre, de la
vertu indigente, de l'homme auquel on doit tout, foit à titre
de reconnoiffance, foit à titre même de reftitution. Elle
ôteroit la poffibilité de donner des preuves de ces fentimens
que nous admirons dans l'hiftoire de nos pères, lorfque nous
les voyons, par une fage générofité, donner même au dernier moment des marques d'une amitié utile à l'homme qui
eût été trop grand pour accepter de toute autre manière. N'em-
pêcheroit-elle pas, cette loi, de témoigner fa reconnoiffance
à ceux au fecours defquels on dut une fortune immenfe, &
de s'acquitter de l'impérieux devoir de l'honnêteté, même envers celui auquel on fait une reftitution peut-être chrétiennement
tardive, mais, à coup fûr, toujours jufte ; car ce qu'on doit
à des étrangers, n'appartient à aucun héritier.

rappelez-

rappelez-vous que l'adoption étoit volontaire, tandis que l'obligation de reconnoître des enfans nés après deux, quatre, six & dix ans d'une séparation constante est une monstruosité. Le rétablissement des Lois sur le divorce est le seul moyen, propre à la détruire en restaurant les mœurs, & si vous comparez le privilége qui donne à l'immoralité l'application de la Loi, *pater est*, dans les circonstances que je viens de rapporter, avec les peines que vos Lois criminelles ont décernées contre les *suppositions de part* (1), ne sentirez-vous pas combien il est absurde que de deux crimes de pareille nature le moindre soit puni aussi rigou-

---

Sans doute l'homme n'est plus le maître de ses biens après sa mort, mais il doit être le maître d'en disposer tant qu'il vit ; or, de quelque manière que cela lui arrive, ses héritiers se plaindront. Si vous ôtez au mourant cette consolation dernière, vous anéantissez, j'en conviens, les suggestions de testamens, mais ne donnez-vous pas lieu aux suggestions de ces donations, de ces ventes à rentes viagères, plutôt feintes que réelles, & qui donnent souvent lieu à des regrets. Avant de vous décider, considérez donc, quel est celui de ces abus qu'il convient de laisser subsister ; car vous ne pouvez tous les réformer. Restreignez-le pour pouvoir plus facilement supprimer les autres, mais ne détruisez pas celui des droits qui est le plus compatible avec votre liberté. Faites ces reflexions, & alors si vous prononcez, vous nous rendrez l'adoption, & vous ne supprimerez pas le droit de tester.

(1) Qu'est la supposition de part ? C'est le crime que commet celui qui veut faire entrer un étranger dans une famille, comme s'il en faisoit partie ; c'est celui dont une femme se rend coupable en voulant faire croire qu'elle est accouchée d'un enfant qui n'est pas le sien. Un mari le commet en représentant comme son fils un enfant qui n'est pas celui de sa femme. Le but de ce crime est de donner à cet enfant un nom & une fortune auxquels il n'avoit aucun droit ; d'en frustrer les héritiers légitimes ; d'acquérir quelquefois des droits par ce moyen. C'est un vol domestique de la plus noire & de la plus dangereuse espèce. Aussi la Loi sévit-elle contre les complices mêmes de ce crime avec la plus grande rigueur.

Observations sur le Divorce.   C

reufement, tandis qu'on femble récompenfer l'autre par l'application d'une Loi dont les conféquences n'ont été juftes que tant que celles qui traitent du divorce, & avec lefquelles elle correfpondoit, ont été fuivies.

CHAPITRE II.

A qui doit-on accorder le Divorce ?

SECTION PREMIÈRE.

On ne peut le refufer aux non-Catholiques.

Après avoir démontré que les inconvéniens majeurs qui fuivent les féparations, ne peuvent être ôtés que par le divorce, je demanderai fi on peut défendre l'ufage de ce divorce, fous le prétexte d'une religion qui n'y eft nullement intéreffée, à ceux qui ne la fuivent pas, & aux-

---

Qu'eft la fuppofition de paternité occafionnée par l'adultère & fur-tout après la féparation ? C'eft tout ce que nous venons de dire, & l'adultère en fus.

Qu'on compare maintenant les peines prononcées par la Loi avec ces crimes. *La peine doit être proportionnée au delit*, porte notre nouvelle conftitution ; ce principe dicté par la nature fuppofe que, femblable aux fufeaux de l'échelle du jardinier, chaque peine devroit fe trouver à la même hauteur que le crime dont elle doit être la punition.

Cette proportion fe rencontre-t-elle ici ? La peine prononcée contre la fuppofition de part, femble mefurée fur la taille d'un géant, tandis que l'autre femble calquée fur les facultés phyfiques du pigmée ; cependant *ubi eadem ratio, ibi eadem Lex.*

Mais doit-on punir une foibleffe criminelle comme un crime réfléchi, dira quelqu'un ? Non : mais, qui ajoute le crime de la fuppofition de paternité après dix ans de féparation ? Ce n'eft pas la femme coupable de la foibleffe qui n'en eft que l'occafion, c'eft la loi appliquée d'après un ufage pernicieux. L'ufage n'eft donc pas bon, il faut donc le remplacer par une loi meilleure.

quels il est permis . de professer la leur ; & je crois que tout homme raisonnable dira qu'on ne peut refuser de l'adopter pour ceux qui pensent que leur créance n'en souffre pas.

Un de ces Juifs, que l'Assemblée Nationale a déclaré Citoyen actif, sera-t-il obligé de transporter son activité, son commerce , sa fortune en Hollande ou en Allemagne , parce qu'on lui aura refusé en France le droit de répudier sa femme, qui, *propter aliquam fœditatem*, lui sera devenue insupportable ?

Les Protestans , qui ne croient pas à l'indissolubilité du lien du mariage , seront-ils forcés de garder leurs épouses, dans les cas où il leur est permis d'user du divorce ? S'il arrivoit qu'on le décrétât, je demanderois si la liberté de conscience qui leur a été accordée est bien réelle , lorsqu'on les aura gênés sur un point aussi essentiel ? je demanderois , si on croit en attirer beaucoup en France , sous le prétexte d'être dans un pays jouissant de la liberté civile , & s'ils quitteront la Suisse, la Hollande, l'Allemagne & la Prusse , pour venir tendre les mains à des fers domestiques , dont nous avons montré les inconvéniens & qu'ils ne craignent pas dans le pays qu'ils habitent?

Non certainement. Ils ne viendront pas habiter une terre où on ne les laissera pas absolument libres , ni dans leur créance , ni dans les affections de l'ame , & où on les forcera de supporter, toute leur vie , des maux qui par la faute de la loi , ne pourront finir qu'avec elle.

Déja les Protestans d'Alsace ont invoqué les droits imprescriptibles de l'homme , pour être rétablis dans la faculté de prononcer en dissolution de mariage ; & la Nation a jugé que la lettre ministérielle qui priva , en 1692 , de ce droit les habitans de Strasbourg , étoit aussi abusive que l'arrêt de réglement du Conseil supérieur d'Alsace , qui crut devoir en dépouiller, en 1721 , les autres Protestans de cette Province.

Seroit-il possible qu'on décrétât maintenant que les Juifs

garderont leurs femmes, quoique la loi écrite par Dieu même leur ait permis de les quitter, *propter aliquam fœditatem ;* que les Proteſtans *non-Alſaciens* reſteront invariablement liés à leurs épouſes, quoique d'après le mot grec Πορνέια qui ſe trouve dans St. Mathieu, ils puiſſent les quitter pour *une faute grave contre le mariage ;* ſignification que ne rend, ni le mot de *fornicatio,* employé dans la verſion latine , ni celui d'adultère qui le remplace dans la françoiſe.

Tous ces Citoyens errent dans leur créance , mais eſt-ce une raiſon pour que nous rendions leur ſort plus dur ? Eſt-ce une raiſon pour que nous les forcions d'errer à notre manière ? A leurs yeux leur union n'eſt point un ſacrement ; nous avons ſans doute, comme Catholiques, la même opinion de leurs mariages ; ils ne ſont & ne doivent être, même à nos yeux, que des contrats civils. Pourquoi donc ferions-nous ſupporter un joug auquel la diſcipline de la religion que nous profeſſons nous a ſoumis, à ceux qui ont un culte différent. Ce joug, quand il devroit ſubſiſter pour les Catholiques , devroit leur être abſolument étranger. Les lois du Royaume doivent être reſpectées & ſuivies par tous les Citoyens ; la diſcipline de l'Egliſe au contraire ne regarde que les Fidèles. Tel fut le motif qui décida ſans doute Joſeph II à accorder le divorce à toutes les communions proteſtantes, grecques &c. Nous allons examiner ſi, en accordant ce qu'il ne pouvoit refuſer ſans injuſtice , il n'eût pas pu, il n'eût pas dû faire davantage.

S E C T I O N I I.

Le même remède ne peut être refuſé à ceux qui ont con-tracté des mariages mixtes.

Ce ſentiment qui devroit toujours précéder & ſuivre le mariage, qui devroit toujours être ſoutenu entre deux époux par une eſtime mutuelle & une confiance réciproque ; l'amour rapproche tout : les diſtances, telles quelles puiſ-

sent être, disparoissent lorsqu'il anime ; le fanatisme **même**
le respecte , car il sçait le vaincre.

C'est l'amour qui procure ces unions, souvent heureu-
ses, qui rapprochent des maisons que la haine avoit séparées , que les hauteurs & l'orgueil tenoient écartées.
C'est lui qui unit la Protestante fidèle au Catholique Al-
sacien ; il sauva même du glaive de la S. Barthelemi plus
d'un réformé. Il laisse la conscience libre ; c'est le seul
sentiment peut être dont la délicatesse, prompte à s'alar-
mer, ne desire pas qu'on lui rende compte. En unissant,
de la manière la plus parfaite, des êtres dont la créance diffère , il nous porte à pratiquer cette tolérance, dont Jésus
nous laissa le précepte à suivre & l'exemple à imiter.
Il nous fait sentir qu'une Nation n'a à punir que les crimes qui troublent l'ordre public, que la différence d'opinion ne doit pas empêcher deux Citoyens de cueillir le
fruit d'un arbre qui leur appartient en commun. Enfin il
nous rappelle que s'il est aux yeux de l'éternel quelque
culte qui lui déplaise, c'est à sa puissance souveraine à le
punir, & que les efforts de l'homme, pour détacher d'une
religion quelconque , sont aussi impuissans dans le fait
qu'ils sont injustes dans le droit.

Otez à deux Citoyens , dont les opinions religieuses
sont éloignées, & dont les cœurs sont rapprochés par
le sentiment de l'amour, le moyen de s'unir, vous four-
nissez des armes aux sectaires respectifs, vous leur donnez le moyen de se haïr. Ne vous y opposez pas, favo-
risez ces unions , vous rendez, en détruisant le fanatisme,
un grand service à l'humanité.

Mais ces unions sont rares ; & pourquoi le sont-elles ?
C'est qu'on a rarement le desir de s'unir, par des liens
aussi étroits , avec ceux qui nous traitent en ennemis ,
avec ceux que, par des faits, on a droit de regarder comme ses bourreaux. Les Protestans François dont l'état
étoit incertain , illégal même, si on a pu regarder comme
lois ces édits qu'un despotisme intolérant avoit portés ; ces

Proteſtans pouvoient-ils ſe coïffier à ceux que ces mêmes édits appeloient à la délation ? Non. Mais parcourez l'Alſace ; voyez ſi pluſieurs de ces unions n'y ſubſiſtent pas, n'y fructifient pas ? Demandez enſuite, pourquoi elles n'ont pas été plus communes , pourquoi elles ne l'ont pas été autant dans cette Province qu'elles peuvent l'être dans les Pays de l'Allemagne où différentes religions laiſſent vivre en paix des Citoyens qui jouiſſent du même degré de protection ?

La plus tyrannique domination , vous répondront les Alſaciens , diſpoſoit, ſous le règne du Miniſtère , du ſort des enfans procéés de pareilles unions. Si la femme étoit catholique , on forçoit, contre la teneur des traités , le père proteſtant d'en élever les fruits dans la religion de la mère : vouloit-il réclamer la parité des droits dont jouiſ-ſoit le père catholique ? des ordres arbitraires le privoient de ſes enfans , & il avoit lui-même tout à craindre de ceux qui oſoient tout , tels que, Intendans, Commandans, Miniſtres & tous autres Diſtributeurs ou Colporteurs de let-tres de cachet. Louis XIV , par une loi préciſe en 1683 , n'avoit pas rougi de défendre ces mariages qu'il eſt de la ſaine politique de favoriſer ; & Louis XVI ayant ſenti la néceſſité de révoquer cette loi , ſes Miniſtres trompèrent tellement ſa religion , que l'abus, dont on ſe plaint, fut conſacré dans l'Édit de 1774 , & que les ordres arbi-traires ne dûrent paroître qu'un moyen plus prompt de faire exécuter la loi.

Cet abus ſeul étoit ſuffiſant ſans doute pour arrêter l'heureux mélange des Citoyens , par lequel les liens re-naiſſans de la parenté mitigeoient la rigidité des opinions religieuſes , & faiſoient oublier plus facilement les reſ-ſentimens que l'intolerance avoit fait naître. Oh vous ! qui voulez que les hommes ſoient fières , profitez des fau-tes de ceux qui vouloient qu'ils fuſſent eſclaves ; portez des lois juſtes, & le bonheur des François vous ſera dû. Votre Décret du 17 Août l'a prépaté pour l'Alſace.

Comment des mariages qui auroient dû lier les Alfaciens entre eux, qui leur auroient appris à tolérer refpectivement leur créance, pouvoient-ils être ainfi perfécutés, & comment, avec cette perfécution, en exifte-t-il encore ? Ah! félicitons-nous de ce que l'amour, plus fort que les ordres des tyrans, a pu nous conferver des preuves de ce que ces unions étoient heureufes. Un fait de cette nature prouve plus que dix mille lois contraires à la liberté & à l'humanité.

Or, dans le cas de ces mariages mixtes, doit-on accorder le divorce ? Cela me paroît fans contredit. Si ces mariages n'ont pas été condamnés par la doctrine de l'Eglife, puifque la partie fidèle devoit, après fa converfion, refter avec l'époux infidèle, il faut convenir que cependant l'Apôtre, fur le témoignage duquel cette doctrine eft fondée, décide que, fi la feconde quitte la première, celle-ci peut paffer à de nouvelles noces, en difant : » mais fi l'infidèle fe retire, qu'il fe retire, car un frère » & une fœur ne font pas affujettis à la fervitude en » cette rencontre ; mais Dieu nous a appelés à vivre » en paix. »

Or cette décifion, de la manière dont je l'explique, eft adoptée dans les quatre parties du monde chrétien, & nommément dans la communion catholique. Cet ufage eft conftant, prouvé par les bulles des Papes, & notamment par la décifion de Benoit XIV ; il n'a jamais été contefté, pas même contrarié, foit à la Chine, lors des difputes entre les Jéfuites & les autres Miffionnaires, foit en Amérique, où le concile du Mexique l'a formellement autorifé.

Prélats refpectables, vous qui défirez la paix & l'union, vous ne nous porterez pas à en repouffer le remède, vous le verrez dans ces mariages dont l'Apôtre parle, lorfqu'il dit : « le mari infidèle eft fanctifié par la » femme fidèle, & la femme infidèle eft fanctifiée par » le mari fidèle......... Mais fi l'infidèle fe retire,

» qu'il se retire......... Dieu nous a appelés pour
» vivre en paix. »

S E C T I O N I I I.

*Aucune religion ne doit être exclue du bénéfice de la loi
civile , pas même celle dont le dogme paroîtroit opposé à
cette loi , qui d'ailleurs pourroit lui être utile.*

La loi civile régit l'extérieur , la loi divine vient à son
secours : celle-ci défend ce que l'autre défend, sans permettre ce qu'elle ne condamne pas.

Or , je suppose, & cette supposition je la détruirai
dans l'instant, qu'une discipline impérieuse, que la foi
même défendît le divorce dans la religion catholique :
seroit-il nécessaire que la loi civile portât la même défense
aux non-Catholiques?

Non certes, la loi doit être faite pour tous, & si quelque religion que ce puisse être ne permet pas d'user du
bénéfice de la loi , elle ne doit au moins pas forcer de
faire, contre sa conscience, quelque chose d'indifférent au
bonheur commun.

La loi qui , en défendant le divorce aux Juifs , les obligeroit à vivre avec des femmes qui ne sont pas pures à leurs
yeux, seroit aussi absurde que celle qui leur ordonneroit
de manger des viandes impures suivant leur loi ; celle
qui le défendroit aux Protestans & qui les condamneroit
a vivre séparés , & dans la continence , seroit aussi injuste
que celle qui les obligeroit aux jeûnes que prescrit l'Eglise
& qui répugnent aux principes de leur secte.

Mais celle qui , en admettant le divorce, n'exclueroit
point les Catholiques d'y prétendre, ne pourroit alar-
mer les gens les plus attachés *au système* de l'indissolubilité , & quand je me sers du mot *de système* , je
n'entends parler que de ceux qui , plus hardis que les conciles œcuméniques, soutiennent que l'indissolubilité est
de foi.

Effectivement, que la loi permette le divorce dans tous les cas où les lois romaines le permettoient, dans tous ceux au moins où la nature, la raison & l'intérêt public se réunissent pour l'exiger ; que, dans ces cas, elle le permette sans exception de religion ; & les évêques catholiques, s'il en résultoit des abus, pourroient dire à leurs diocésains, sur la fin du dix-huitième siècle, ce que S. Ambroise disoit aux siens : *Vous renvoyez votre femme, comme de droit, sans que ce soit pour crime, & vous pensez que cela vous est permis, parce que la loi humaine ne vous le défend pas, mais la loi divine le défend.*

Mais certainement ils diront aussi des législateurs ce qu'Origène disoit des évêques, qui dès avant lui permettoient à la femme de se marier du vivant de son mari : *Cependant ils ne l'ont pas permis sans raison, car il est vraisemblable qu'ils l'ont permis contre la loi, portée au commencement, & écrite pour éviter un plus grand mal.*

Ces Prélats raisonneroient juste : effectivement le divorce est permis en Suède & en Danemarck, en Russie & en Hollande, en Angleterre & en Irlande. Il existe, dans tous ces pays, des catholiques très-attachés, non-seulement à la foi apostolique, mais à tous les points de discipline de l'église Romaine, même à celui de l'indissolubilité ; & ou ils n'usent pas de la permission que leur accordent les loix civiles, ou ils n'en usent que lorsque leur conscience, tranquille dans le for intérieur, a besoin de l'appui de la loi du divorce, pour que le scandale soit épargné.

Or il existe plusieurs cas où les principes de la religion Catholique attestent que le mariage est nul.

Mais les nullités prononcées par l'église sont de deux espèces.

Celles de la première, provenant des vœux, ne fixeroient pas, dans les pays protestans, le jugement du

Magiſtrat civil. Il ne prononcera pas la nullité, & la demande en divorce y ſupplée.

Celles de la ſeconde, cauſées par les liens de conſanguinité, ne peuvent être divulguées ſans pécher contre la première loi de la religion Chrétienne, celle de la charité, & ſans cauſer un ſcandale public. L'uſage de la loi du divorce, dans ces cas, ſauve le ſcandale, & ſert la première des vertus chrétiennes dont profite la ſociété.

Je me permettrai quelques exemples, pour rendre plus ſenſible ma propoſition.

Exemple d'une nullité de mariage provenant des vœux.

La ſolennité des vœux n'eſt pas un empêchement dirimant aux yeux des magiſtrats qui rempliſſent les cours établies en Angleterre, en Irlande, &c.

Un moine Irlandois recherche une catholique, & l'épouſe ſans la prévenir des vœux ſolennels qu'il a prononcés en pays étranger; elle l'apprend enſuite, ſoit par ſon aveu, ſoit de toute autre manière; ſa conſcience timorée, les remords peut-être de ſon mari, tout les décide à une ſéparation, qui laiſſe à la femme le droit de retrouver un époux : il n'eſt pas un canoniſte, pas un théologien, qui en prenant la diſcipline pour le droit, ne ſoutienne qu'un tel mariage eſt nul.

Mais les parties pourront-elles plaider ſur cette nullité, dans un état où les Juges n'ont pas cette créance, où la loi répugne à l'application du remède qu'ils ſollicitent.

Leur conſcience eſt tranquille : il n'exiſte d'après leur foi, raſſurée par les déciſions de leurs docteurs, aucun lien entr'eux, & cependant cette nullité n'exiſtant plus dans les lois du royaume, la demande en divorce eſt la ſeule reſſource que le droit civil peut leur préſenter. Si elle ne leur eſt pas ouverte, il ne leur reſte, pour mettre leur manière de vivre d'accord avec leurs opinions religicufes , qu'un expatriation , toujours malheureuse pour celle des parties qui étoit de bonne foi ; expatriation fans laquelle elle fe verra donc condamnée ou à un veuvage éternel, & non mérité, qui fera la fuite de la loi du pays, ou d'après un nouveau mariage, non revêtu des formes civiles, à la honte & aux peines décernées par la loi contre l'adultère , qui ne doivent être que le fruit du libertinage.

Prenez garde, François, à cet exemple ; certes la folennité des vœux ne fera plus à l'avenir un empêchement dirimant d'après le jugement des tribunaux qu'établira une nation qui a déclaré inconftitutionnels ces vœux folennels.

S'il arrive jamais qu'un excès de zèle porte quelques-uns de vos concitoyens à aller prononcer des vœux de cette efpèce, en Efpagne , en Italie ou en Allemagne; que de retour dans leur patrie, l'amour ait plus de force fur leurs cœurs, que le fouvenir des engagemens qu'ils auront été contracter malgré vos décrets ; que craignant cependant que l'aveu de ces vœux imprudens n'écarte d'eux les époufes qu'ils defireront avec ardeur, ils négligent ou ne puiffent en faire prononcer la nullité ; qu'une religion timorée faffe craindre aux femmes, qui fe feront données de bonne foi , d'attirer le courroux du ciel fur une union formée malgré des liens inconftitutionnels, mais que leur piété leur feroit regarder comme facrés, ces femmes fe trouvent dans le cas fuppofé pour l'Irlandoife.

S'il arrive également que des étrangers catholiques , que des Suiffes, par exemple, liés par de pareils vœux, fuyent des cloîtres qui leur feront devenus odieux, des obligations qu'ils croient ne plus pouvoir remplir, & qu'ils ayent ufé de la même difcrétion; que répondrez-vous à ces religieux qui, accufés, vous diront : « Nous » avons lu vos décrets ; nous nous fommes dit : les bagues » ont été ouverts à ceux de nos concitoyens que la loi

» avoit condamnés pour crime , nous ne fommes cou-
» pables que de l'erreur de nous être crus nés pour
» un état furnaturel : les vœux que cette erreur nous
» a dictés font inconftitutionnels chez vous , pouvez-vous
» nous condamner à les tenir, lorfque vous avez fait
» détacher de la chaîne des forçats qu'un jugement légal
» y avoit attachés? Nous avons diffimulé cette circonftance
» de notre vie; mais nous étoit-il néceffaire pour pren-
» dre des engagemens qui ne répugnent pas à vos lois ,
» de faire l'énumération dès maladies que dans le pays
» qui nous a vu naître, ont pu effuyer nos corps & nos
» efprits? Nous fommes devenus François, nous fommes
» libres, nous fommes mariés; ah ! ne fouffrez pas qu'on
» nous enlève nos époufes. »

Celles qu'ils réclameront, au contraire , vous diront :
« Nous ne fommes point les femmes de ceux avec
» lefquels nos préjugés religieux nous défendent d'ha-
» biter, avec lefquels notre loi divine n'a pas permis
» que nous contractions ; nous avons été trompées; ve-
» nez à notre fecours; ne nous forcez pas à courir fous
» un ciel étranger, pour fuir ce que notre foi nous fe-
» roit regarder de votre part comme une perfécution ;
» de la part des hommes qui fe difent nos maris, comme
» un facrilége. Oui , nous en convenons , notre cœur
» avoit choifi , avoit préféré ces hommes ; la feule ré-
» compenfe que vous réferveriez à notre amour, feroit-
» elle de nous obliger à demander le fupplice de ceux
» que nous aimons encore. Ah ! nous ignorions leur état :
» dégagez-nous de nos liens; ils font infupportables pour
» nous. Vous avez pu avec juftice défendre ces vœux
» que nos amans n'euffent pas dû prononcer ; mais vous
» n'avez pu empêcher qu'ils ne l'ayent fait ; & des
» hommes qui fuient la terre où ils font attachés par
» des promeffes conftitutionnelles chez eux, n'ont pas
» droit de nous retenir par des engagemens illufoires
» pour nous. Oui, nous aimons mieux encore encou-

» rir le blâme d'avoir follicité le divorce, que de refter
» plus long-tems femmes fans époux, concubines fans
» crime, & veuves fans viduité. »

» Si votre loi n'eft plus d'accord avec notre confcience,
» faites-en une au moins dont notre confcience puiffe
» ufer. »

La loi qui n'admettroit pas un remède qui tiendroit
lieu de la nullité, qu'elle n'adopteroit pas dans les cas
dont nous venons de donnèr des exemples, ne contrarieroit que l'opinion religieufe : ce feroit déja beaucoup.
Paffons à d'autres exemples qui prouveront que la loi
qui admettroit même certaines demandes en nullité,
feroit horreur à la nature, & contrarieroit la raifon fans
rendre à l'opinion religieufe le fervice que pourroit lui
rendre la légalité du divorce.

*Exemples d'une nullité de mariage provenant de la con-
fanguinité.*

Pierre a époufé Jeanne, fans avoir obtenu les difpenfes néceffaires. Il avoit eu, avant ce mariage, des
liaifons intimes avec Marie, fœur de Jeanne; & dans cette
fuppofition il exiftoit un empechement abfolu. Tous les
canoniftes & théologiens conviennent que ce mariage
eft nul, les époux en font convaincus & defirent également d'être féparés, défunis ; leur confcience & leur cœur
n'ont que ce feul moyen pour recouvrer leur tranquillité.

Il réfulte de cet expofé que les parties peuvent & doivent même demander que la nullité foit prononcée, puifque le mariage entr'elles n'exifte pas, & que dans tous les
pays catholiques aucun tribunal ne pourroit s'empêcher
de prononcer en conformité du droit.

Si la loi du divorce eft portée, ou plutôt rétablie ;
le confentement mutuel des parties peut le faire prononcer. Eh quoi ! il pourroit exifter des évêques, des
prêtres, des chrétiens, affez peu charitables pour exiger

qu'au lieu d'ufer du bénéfice de la loi, l'époufe, pour quitter un mari précédemment inceftueux, fît retentir les tribunaux de fes plaintes, y diffamât fa fœur & expofât ce mari à une punition capitale, fi des témoins nombreux pouvoient prouver le fait! Il exifteroit des hommes qui voudroient, fi les preuves d'un fait bien certain ne paroiffoient pas telles à des Juges, qu'une époufe infortunée fût peut-être punie comme calomniatrice, & que, dans tous les cas, elle reftât unie avec un homme qu'elle ne pourroit voir fans horreur, avec lequel fa religion l'affure qu'il n'exifte point d'engagement réel, puifque ce crime étoit un empêchement abfolu! Enfin, elle ne pourroit ni vivre fans incefte, ni ceffer de vivre avec cet homme, fans courir, dans le premier cas, les rifques & pour elle & pour lui, non pas de l'adultère, puifqu'il n'exifte pas de mariage entr'eux, mais d'une inceftueufe fornication à laquelle leurs befoins pourroient les expofer. La fornication cependant n'eft pas moins défendue par la loi divine que l'adultère, & fi elle fe la permettoit avec un autre, même après un engagement fecret qui tranquilliferoit fa confcience, cet acte feroit courir à cette femme non mariée les hafards d'être condamnée par la loi aux peines qu'auroit mérité l'adultère.

Paffons à un autre exemple qui ne laiffera pas même à répondre, que les parties en vainquant leur répugnance, peuvent avoir recours à des difpenfes devenues malheureufement néceffaires.

Jacques a époufé Nicolle, fille de Jeanne, *Patre incognito*. Il ignoroit, cet homme infortuné, que celle qu'il avoit prife pour femme étoit la fille naturelle de fon père. Faudra-t-il, comme dans le premier cas, qu'il faffe connoître la mauvaife conduite de fon père; qu'il en adminiftre la preuve; qu'il faffe punir peut-être ce père qui, en voulant cacher fa foibleffe, a volontairement laiffé commettre cet incefte? Non. La fociété ne voudra fe fouiller d'une loi qui néceffiteroit ou l'incefte ou un religieux parricide. Le divorce eft le feul moyen de lui éviter un crime. Elle l'adoptera donc, & les juges du for intérieur, ces prêtres du très-haut, faits pour diriger les confciences, feront les premiers à indiquer, dans de femblables cas, l'ufage d'une loi qui, en faifant ceffer le crime, ne donne pas lieu à en commettre un autre. Révéler la turpitude d'un père, d'une mère; s'y trouver forcé par la réunion, & de la confcience & de la loi. . . . . quel état horrible ! Si Dieu crut devoir, pour notre inftruction, nous rappeler l'exemple .d'enfans qui couvrirent refpectueufement la nudité de leur père; n'a-t-il pas, ô légiflateurs, voulu vous marquer combien répugneroient à la nature des lois qui forceroient des fils à découvrir les foibleffes de ceux qui leur ont donné la vie ?

CHAPITRE III.

Sur les peines prononcées en France contre les adultères.

Les lois font vifiblement injuftes, lorfqu'elles ne font pas égales. Nos lois contre les adultères ont un double vice. Elles puniffent, d'une manière atroce, les femmes qui n'ont pas été heureufes ou prudentes. Ces femmes font feules punies, quoiqu'elles foient bien moins coupables que les amans qui les féduifent, & fur-tout que les maris qui les abandonnent pour en corrompre d'autres.

Où nos Pères furent-ils chercher des lois auffi éloignées de la nature & de la raifon? Jaloux par caractère, comme le font des gens à demi-fauvages, un faux point d'honneur leur fit adopter avec enthoufiafme ce rafinement de cruauté, qui réferve à un long & douloureux fupplice une femme fenfible, & dont le crime fut peut-être la fuite de ceux de l'époux auquel fes parens la livrèrent.

Le code de ces Grecs abâtardis, & plutôt déguisés que connus sous le nom de Romains, la leur fournit cette loi cruelle ; elle n'étoit tombée dans l'esprit d'aucun des anciens habitans de Rome. Ils furent durs, ces brigands, qui fondèrent la première ville de l'Univers ; ils imposèrent la loi dans leurs maisons. On le voit par celle qui leur accorde le droit de vie & de mort sur leurs femmes, comme sur leurs esclaves. Ils furent injustes lorsqu'ils se réservèrent le droit de punir l'adultère commis par leurs épouses, & qu'ils leur refusèrent jusqu'au droit de leur faire des reproches du même crime. Ils furent atroces, quand ils condamnèrent à être enterrées vives de jeunes filles qu'ils avoient chargées d'entretenir le feu sacré, pour avoir cédé à un feu bien plus brûlant encore ; mais certes, il ne leur vint jamais en tête de faire des Vestales de leurs épouses infidèles.

Cet excès de ridicule & d'atrocité étoit réservé à ces Grecs dégénérés qui, n'ayant plus le courage ni les autres vertus de leurs ancêtres, & n'ayant pu acquérir celles des Romains, dont ils traînèrent & deshonorèrent le nom, prirent les mœurs efféminées des Asiatiques, mœurs si contraires à celles des Spartiates, & trop souvent accompagnées de cette barbarie révoltante qui étoit bien éloignée de la douceur & de l'urbanité de l'Attique.

Il n'est pas étonnant que des hommes qui s'étoient cru permis d'outrager l'humanité en prenant des eunuques à leur service, & en augmentant le nombre de cette espèce dégradée, se crussent également permis d'outrager la divinité en lui offrant le lent supplice des victimes qu'ils dévouoient à leur vengeance personnelle. Ce fut cependant sous le voile de la Religion Chrétienne qui régnoit alors avec les Empereurs, qu'un tel rafinement de cruauté prit naissance. Oh ! religion sainte, quel est le vice que tu n'as pas condamné ? Et quel est le crime dont des hommes coupables n'ayent pas voulu te rendre

ou

ou te fuppofer complice aux yeux de ceux dont il leur importoit de ménager l'opinion?

Quoi! des defirs qui ne pouvoient être fatisfaits, des befoins renaiffans fans ceffe, & que les larmes ne pouvoient éteindre, des regrets excités par le défefpoir, plutôt que par le repentir! Et quel défefpoir! Ne pouvoir obtenir ce qui eft néceffaire pour fatisfaire des paffions que rien ne peut calmer; en connoît-on de plus cruel? Tel étoit cependant l'encens que le prétexte de la Religion faifoit offrir à une Divinité qui ne veut que des facrifices volontaires; & dans quel pays! Dans celui où l'on croit & où on a toujours cru, d'après St. Mathieu, que l'adultère rompoit le lien du Mariage, le diffolvoit.

Si cette loi étoit horrible dans l'Orient, fi elle l'a été dans l'Occident jufqu'au 12e. fiècle, combien ne l'eft-elle pas devenue davantage, depuis que le principe de l'indiffolubilité du lien du Mariage, s'eft peu à peu établie dans ces contrées.

Les défordres que cette opinion devoit naturellement amener n'empêchèrent pas de l'adopter. Des Pontifes l'annoncoient au nom du Ciel; & dans ce temps, au nom du Ciel, ils difpofoient de tout, même des Couronnes des Empereurs & des Rois; ils délioient les peuples de leur ferment de fidélité, faifoient répandre par les François le fang des Albigeois & dépeuploient l'Europe, pour tâcher de conquérir un tas de ruines en Afie.

Plus cette opinion s'enracina, plus les défordres qu'elle traînoit à fa fuite augmentèrent, & la féparation, remède ridicule & infuffifant que fut forcée d'inventer la Jurifprudence, au défaut de la loi, ne fit qu'aggraver le mal, en donnant aux époux méconteus un défir plus vif, des motifs plus fpécieux & des moyens plus fûrs pour fe livrer à leurs paffions.

Plus les adultères fe multiplièrent, & moins cependant on penfa à réformer l'injuftice des lois, qui ne foumettoient à des peines qu'une des parties, quoique le contrat fût fynallagmatique & ne liât pas plus la femme que le mari.

Cependant quelques tribunaux fentirent combien il devoit paroître révoltant que des maris puffent s'abandonner aux vices qui devoient naturellement y porter leurs femmes, êtres foibles mais fenfibles. Eh! quelle eft effectivement celle qui, avec la force néceffaire pour réfifter à l'attrait du plaifir, à la féduction qu'il préfente, fe voyant abandonnée, délaiffée par celui pour lequel elle s'impofoit de grandes privations, ne fe feroit pas facilement laiffée vaincre par le défir d'une vengeance que des duretés & des mauvais traitemens, comparés avec les confolations offertes par un féducteur habile, ne pouvoient que rendre plus piquant.

Le Parlement de Bretagne dont la jurifprudence nous a paru fi févère contre les femmes, auxquelles il fe voyoit forcé d'accorder la féparation, fut jufte envers leur fexe, lorfque, par arrêt de réglement du mois de Novembre 1568, *il condamna à mort tous les adultères fans diftinction de fexe, & ordonna que cet arrêt feroit envoyé à tous les Préfidiaux & autres fiéges de cette Province, pour y être publié, enregiftré, & obfervé.*

Une pareille loi étoit fans doute rigoureufe, fi on confulte nos mœurs actuelles; mais elle étoit équitable, puifque la peine étoit égale pour tous les coupables, & qu'elle ne s'étendoit pas fur les innocens.

Tels font les défauts de celle qui vous gouverne, oh François! Voyez fi elle peut fe concilier avec vos mœurs douces & généreufes, fi elle peut fubfifter avec la Conftitution qui doit vous rendre libres & heureux, avec les principes d'égalité & de juftice que vous avez adoptés.

§ I.

La peine n'eft pas égale, & par conféquent injufte.

Un mari eft coupable de ce crime qui lui enlève le

cœur d'une femme eſtimable. Elle ſe renferme dans ſes devoirs, elle ne croit pas devoir venger ſon offenſe par un crime pareil : elle éprouve toutes les horreurs qu'é-prouveroit un homme, dans la poſition qui le forceroit à recevoir les embraſſemens d'une femme qui n'eſt plus digne de lui; & la loi ne permet pas qu'elle ſe ſépare. Son dégoût perce, le mari ſe livre à tous les genres de débauche : elle a regretté de ne plus poſſéder le cœur, de ſon époux; mais maintenant elle a tout à craindre de ſes fureurs pour ſa vie, de ſon libertinage même pour la ſanté : alors on lui permet de prouver les faits, & ſi ſes preuves ſont convaincantes, on ne punit pas l'adul-tère, mais on prononce une ſéparation. Quel en eſt l'ef-fet? En laiſſant à celui, qui ne ſe reſpecte plus, la liberté de ſe livrer à ſes goûts déréglés, ce jugement laiſſe auſſi ſous la hache de la loi la femme à laquelle elle interdit de ſuivre un penchant que ſollicite chez elle la nature & qu'avoueroit la raiſon, ſous peine d'être accuſée d'a-dultère.

Et qui a droit de la pourſuivre? Ce monſtre qui ayant rompu tous ſes liens tient encore la chaîne de ſon eſclave, & auquel les tribunaux, dans ce cas, ne pourroient re-fuſer de prononcer contre ſon épouſe infortunée la peine infamante & cruelle d'une priſon perpétuelle, pire mille fois que la mort.

Une femme vicieuſe donne dans tous les excès exté-rieurs. Une foule de libertins ſe font gloire d'être atta-chés à ſon char; elle devient ſpectacle dans les ſpectacles mêmes; nul extérieur dans la parure ne la diſtingue des courtiſannes: ſes billets, dont on fait trophée, annoncent dans des termes ſignificatifs, quòiqu'ambigus, le plaiſir qu'elle pro-met & qu'elle fait faire déſirer par la peinture même qu'elle en trace. Enfin, elle commet le crime : le triomphe de vingt rivaux l'annonce à ſon mari; mais elle le commet avec le ſang-froid réfléchi qui ne lui laiſſe oublier, pour ce feul point, ni de fermer les verroux, ni de prendre les autres précautions néceffaires, pour qu'on n'acquierre pas la preuve matérielle du fait. L'humeur du mari, qui a peut-être été témoin lui-même, mais qui ne peut en fervir, eft une fureur jaloufe contraire à nos mœurs: les lettres font des jeux d'efprit permis dans nos cercles. La femme eft à la vérité inconféquente, légère, de mauvaife fociété pour les jeunes filles, mais d'excellente compagnie pour les hommes; & le mari qui feroit affez bourgeois pour fe plaindre, jouet de la fociété, rebuté des Tribunaux, n'a qu'un feul moyen à tenter, fi le défefpoir ne lui en indique d'autres.

Et quel eft ce moyen? C'eft de fe conduire de manière à ce qu'il plaife à fa femme de le diffamer publiquement dans les Tribunaux pour y obtenir la féparation qu'elle feule peut demander. Si quelques obftacles de fortune, par exemple, foit relativement à fon état, foit relativement à fes enfans, s'oppofent à ce qu'il porte fa femme à ufer de ce remède; qu'il fouffre, le malheureux: nos lois à cet égard ne conviennent qu'aux gens riches.

Et s'il eft riche, ou s'il préfère la médiocrité à la douleur d'être le témoin de l'infamie de fa femme, la cruelle peut-être ne voudra-t elle pas faire ufage de ce moyen. Dans le premier cas, la femme fe trouveroit privée de l'aifance; dans le fecond, c'eft peut-être pour fon ame atroce un plaifir de plus que d'avoir fous les yeux un homme dont elle fe plaît à faire le malheur. Alors elle ne fe déterminera jamais à jouir du bénéfice de la loi, que dans le cas où il lui feroit impoffible de tenir aux févices de ce mari: il faudra donc qu'ils foient terribles. Un homme honnête ne voudra pas s'en rendre coupable....... Et fi fon état eft tel cependant qu'il oublie ce qu'il fe doit...... Lois tremblez! cet homme honnête ne fe connoît plus, & de l'action d'excéder, de frapper, à celui de priver de la vie, il eft fi peu de diftance, dans le moment de la colère que, s'il arrive ce crime, vous aurez à en punir encore un, dont vous serez les seules coupables.

Mais je veux qu'une telle femme soit assez juste pour sentir que sa conduite ne pouvant convenir à son mari, elle doit profiter des moyens qu'il lui donne pour solliciter sa séparation ; je veux qu'elle la desire, je veux même que les Tribunaux la prononcent.

Une plus grande liberté pour elle de commettre le crime est tout ce qui en résulte, car le mari n'a en échange que des devoirs de plus à remplir, s'il se respecte, & surtout s'il a des enfans.

Une femme foible, au contraire, ne calcule pas ses avantages ; son cœur est séduit, toutes ses facultés sont absorbées ; elle fut criminelle avant d'avoir été coupable : un instant a décidé de son sort, nulles précautions prises... Hélas ! si elle eût pu en prendre, c'eût été contre son propre cœur : la moindre de celles qui eût été en son pouvoir eût procuré le triomphe à sa vertu...... Voilà communément la femme contre laquelle les preuves s'acquièrent ; & telles sont, oh juges ! celles qu'il vous arrive le plus souvent de condamner. Elles n'ont ni l'art de taire un aveu, ni celui de séduire un témoin par l'espérance. Voilà les victimes, les seules victimes de vos lois actuelles.

Privées alors de leurs propres biens, dépouillées des avantages que leur assuroit un contrat, condamnées à être enfermées dans un cachot pendant deux ans, terme qu'on fixe aux maris pour les voir & se décider à les reprendre ; condamnées à être rasées à l'expiration de ce tems, si la pitié ne parle pas au cœur de leurs époux, à se revêtir de l'habit destiné à celles qui ont fait des vœux éternels, vœux hélas ! pour lesquels le ciel ne forma ni leur tempéramment ni leur cœur ; condamnées enfin à rester dans cette prison perpétuelle toute la vie, à y manquer peut-être des choses qui pourroient leur faire supporter plus patiemment une captivité...... Une captivité éternelle.

Je m'arrêe ici, & je demande, quelles peines nos lois prtononcent-elles donc contre les parricides..... la mort..... Quoi! la mort feule, cette douleur d'un inftant?..... Ah! prononcez-la contre cette femme foible, & réfervez le fupplice que vous lui préparez pour les monftres capables de pareils forfaits : les fupplices & les crimes feront au moins plus proportionnés.

Mais quoiqu'on ait donné, me dira-t on fuivant l'ancienne Jurifprudence, deux ans au mari pour reprendre fa femme, quoiqu'on ait ordonné qu'après ce tems paffé, *elle fera rafée, voilée comme les autres religieufes ou filles de la Communauté & qu'elle y reftera fa vie durant, pour vivre felon les règles de ladite maifon*, cependant notre Jurifprudence eft que le mari peut la reprendre, même après ce tems.

Quoi! votre Jurifprudence fouffre cet adouciffement ; mais fi vous accordez au mari la liberté de la reprendre après l'époque fixée, pourquoi donc en fixer une, & ne pas dire, fans la faire rafer & revêtir d'un habit monaftique, qu'elle y reftera autant de temps qu'il plaira à fon mari? car, dans ce cas, c'eft l'offenfe perfonnelle que vous puniffez.

Si, au contraire, c'eft le crime public, la prononciation du jugement peut être jufte, mais l'adouciffement ne l'eft plus. Laiffez-vous aux femmes non coupables le droit d'aller revendiquer leurs maris dans les bagnes que les galériens habitent pour la vie, & d'y partager leurs fouffrances? Quoi! vos lois, votre Jurifprudence feront donc toujours en contradiction?

Et d'ailleurs, croyez-vous qu'un époux, qui a invoqué la févérité des lois, qui a provoqué le jugement qu'un Tribunal a rendu contre une époufe adultère, qui l'a fait exécuter pendant deux ans, pourra enfuite la reprendre?... Ah! que les exemples que vous me citerez feront peu nombreux! la pitié perce difficilement jufqu'à un cœur ulceré : l'oubli, le pardon d'une telle injure viennent rarement y remplacer l'indignation. Eh ! comment la pitié trouveroit-elle accès dans ce cœur, lorsque l'entrée lui en est défendue par des sentinelles bien difficiles à corrompre, j'entends l'amour-propre & l'opinion publique.

Enfin ce mari meurt: la loi qui attachoit cette femme à la peine, devroit fléchir en même tems; car l'Apôtre qu'on n'accusera pas d'avoir flatté les femmes, St. Paul dit : » la femme est liée à la loi du mariage , tant que son » mari est vivant; mais si son mari meurt, elle est libre » Ire. épître aux Corinthiens, chap. 7 , v. 39; & cependant la loi est une Euménide qui poursuit, encore au-delà du tombeau de son époux , la femme condamnée pour toujours; car vos Tribunaux rejetoient les demandes de celles qui sollicitoient leur liberté après la mort de leurs maris , toutes les fois qu'il n'étoit pas question de la leur accorder pour contracter un nouveau mariage.

Pour que ce motif existe , il faut que le ciel fasse un miracle; & quoique les voies de sa miséricorde soient immenses , j'ai peu lu de preuves de ce fait possible. Quoique les voies de cette même miséricorde soient infinies , il me semble que ce miracle ne peut s'opérer que de l'une de ces deux manières.

La première suppose un homme convaincu que les Juges ont été trompés par des témoins subornés; & n'ayant pu dévoiler leurs manœuvres , comme Daniel , inspiré d'en haut , démasqua la trame des vieillards abominables dont l'histoire sainte nous conserve la mémoire, cet homme pourra repousser les obstacles que l'opinion publique opposeroit à tout autre pour rompre les fers de celle qu'il sçait être innocente ! mais que la réalité de cette supposition doit être rare , dès qu'on exclut de la possibilité de se marier avec la femme non coupable & condamnée , celui qui doit être plus sûr qu'un autre de son innocence, parce qu'il a été co-accusé !

Il faut, pour la seconde , que dans une prison qui n'est habitée que par des femmes , le hasard y jette un homme;

que cet homme connoisse une femme présumée coupable par le jugement qui la flétrit ; que persuadé que le jugement étoit fondé, il le soit aussi que le motif du jugement fut l'acte d'une ame foible, mais non vicieuse, & que dans cet état de choses, il trouve en elle toutes les qualités morales qui peuvent le rassurer : or cela ne doit-il pas être regardé comme un miracle, puisqu'à peine peut-on en citer un exemple dans un siècle ?

Dans ces deux cas, on soumet cet homme à demander la liberté de cette femme, à qui ? à la cour qui l'a condamnée. Elle est libre par la mort d'un mari qui pouvoit lui pardonner pendant sa vie ; & cependant morte civilement, c'est de la loi qu'il faut l'obtenir. C'est avec des cérémonies presque infamantes pour le mari auquel on la livre, qu'on la lui remet entre les mains : ce n'est point sa famille qui l'accompagne, en la félicitant de son retour à la liberté & à une nouvelle union ; c'est un huissier qui l'amène comme une criminelle : on diroit que cette grace est une peine dont la société va flétrir celle qui doit être à l'avenir une bonne mère de famille & l'exemple de toutes les vertus.

§. I I.

La Loi, en prononçant sur le fort du coupable, est injuste en ce qu'elle condamne l'innocent.

Une femme vicieuse ou foible, poursuivie dans les tribunaux, vient d'être condamnée à la mort, ... & plus qu'à la mort naturelle, à la mort civile, accompagnée d'une captivité éternelle. Son mari étoit-il coupable, je vous le demande, hommes insensés, qui le dévouez à une punition également éternelle ? N'en est-ce pas une, avec des besoins que lui impose la nature, que vos lois le condamnent, pour les satisfaire, au crime dont il avoit horreur, & contre lequel il vient d'invoquer la sévérité des lois ?

N'en est-ce pas une d'avoir à réprimer des défirs qui lui avoient fait contracter l'engagement que la loi vient de rompre, fans le caffer; & d'être privé pour toute fa vie, des douceurs de l'hymen, des careffes, des confolations, des fecours d'un autre lui-même.

Quoi ! une union plus heureufe lui eft interdite, & la fienne n'exifte plus ! - Une femme lui eft refufée, & il n'a plus de femme ! Vous puniffez le crime dans cette dernière; mais pourquoi punir l'innocence & le malheur ?

Ah ! rappelez, rappelez, fi vous en avez le courage, l'ufage de ces lois qui ordonnoient aux Juifs de lapider les adultères; à d'autres peuples de les brûler, ou de les enterrer vifs, de les faire périr enfin par quelques fupplices que ce foit. Soyez cruels, féroces comme vos pères, & comme eux ayez la bonne foi de l'avouer; mais fous le prétexte d'adoucir les peines, ne déguifez pas votre atrocité qui, par un rafinement de barbarie, augmente la péine pour les coupables & en fait fubir une aux innocens.

Des juges condamnèrent, en Efpagne, des adultères inceftueux à être brûlés vifs : fous prétexte de leur laiffer plus de temps pour fauver leur ame, de pieux bourreaux, exécuteurs de la fentence, firent durer le fupplice, quoique les magiftrats n'euffent pas eu la dureté de dire *à petit feu.*

Votre loi nouvelle reffemble à ces bourreaux; elle augmente le fupplice fous prétexte de l'adoucir.

Mais je n'ai jamais ouï dire qu'aucun tribunal ait forcé le mari innocent à périr lentement à la réverbération de ce même feu; & voilà ce que votre loi ajoute à la cruauté que je viens de peindre, & qui vous fait friffonner.

Quel eft le remède ? fupprimez ces lois, faites-en de meilleures, qu'elles puniffent les coupables, qu'elles les puniffent proportionnellement au crime, & qu'elles ne puniffent qu'eux.

Ou condamnez à la mort naturelle les premiers, ou fi vous préférez toute autre peine, qu'au moins l'innocent puiffe trouver, dans une nouvelle union, de quoi fe confoler du malheur de la première.

Ah ! qu'un heureux divorce rende au mari les droits de citoyen que vos lois lui ôtent en condamnant fa moitié coupable, & en l'empêchant de la remplacer. Qu'un heureux divorce faffe plus encore ; que fon rétabliffement faffe difparoître ce crime odieux. Qui ofera le commettre, lorfqu'on ne fera pas forcé de vivre éternellement avec un homme & une femme qu'on méprife & qu'on abhorre ? La poffibilité de rompre des engagemens de cette nature, vous affure, ô légiflateurs ! du foin qu'on apportera à les former. Mais s'il étoit encore dans la nature de commettre ce crime, l'humanité auroit toujours à fe féliciter, ainfi que la religion, de ce que vous auriez accordé ce que la loi accordoit aux Juifs. Jofeph, époux de Marie, qui étoit un homme jufte & qui ne vouloit pas la diffamer, réfolut de la renvoyer fans éclat, & l'Ange qui fut envoyé du ciel pour le faire changer de réfolution, ne le blâma, ni de fon deffein d'avoir voulu la répudier, ni de la charité qui lui auroit fait cacher fon motif.

L'humanité & la religion ne vous blâmeront pas d'avoir permis à l'époux de dire ce que Jéfus dit à la femme adultère ; *allez-vous-en & ne péchez plus*, car ce légiflateur ne força point fon mari de la reprendre, & ne condamna, dans le cas de refus, ni l'époux ni l'époufe à une continence éternelle, contraire à la loi qui, en adoptant le divorce, permettoit d'autres noces.

CHAPITRE IV.

Des motifs suffisans pour faire prononcer le Divorce.

Je ne parcourerai point les motifs qui peuvent donner lieu à la prononciation du divorce, les loix Romaines les contiennent, les lois des autres peuples de l'Europe, assez sages pour avoir conservé ou adopté cette institution, ont ajouté de nouveaux cas, ou en ont effacé de leur code ; c'est au corps législatif à fixer ceux qui conviennent à nos·mœurs.

Je ne pense pas que quelque personne raisonnable puisse prétendre, qu'outre l'adultère, ou les autres cas graves contre la chasteté conjugale, il n'y ait une infinité de motifs qui doivent être regardés comme suffisans (1).

L'assassinat commencé ou médité contre l'un des con-

---

(1) Pour rendre sans doute ridicules quelques opinions sur ces motifs, les anti-divorciens ont grand soin de rapporter le sentiment de l'école d'Hillel, où, entr'autres choses, ce Docteur déclare qu'une femme peut être répudiée, si elle laisse brûler les mets ou le bouillon de son mari. Que prouve cette citation ? Qu'on a lu, comme les disciples d'Hillel ont écrit, sans réflexion sans doute. Seroit-il très-étonnant qu'un Docteur qui n'aimoit pas que sa soupe fût brûlée, se soit permis avec sa femme, & en présence de ses disciples, une plaisanterie ou un moment d'impatience, & qu'un disciple théologien en ait conservé note. Cela doit rendre très-prudens tous les professeurs ; & je ne suis plus étonné, si M. Sabathier, dont on regrettera de ne pouvoir multiplier les élèves, s'est habitué à parler très-vîte, en professant au collège de chirurgie, pour qu'on ne puisse écrire à mesure qu'il prononce ; préférant de répéter & de revenir sur le même objet, parce qu'il a observé qu'avec le desir de ne rien perdre, ses auditeurs copioient vîte, & souvent d'une manière totalement opposée à ce qu'il avoit réellement enseigné.

joints, le poifon qui auroit pu lui être préfenté ou être préparé pour lui , la condamnation aux galères & autres peines corporelles pour crime , fur-tout fi cette condamnation eft à vie , le banniffement légalement prononcé, emportant foit la mort civile, foit l'expatriation forcée, l'impuiffance, l'abfence méditée, la cohabitation fâcheufe & qui peut conduire au crime, la diffamation , les févices &c. &c. &c. ne peuvent pas être rejetés par la loi civile.

Quels que foient les motifs que la loi adopte, il en eft qu'elle ne peut profcrire : 1°. la fociété doit refpecter le *confentement mutuel des parties* ; 2°. elle ne doit pas en *forcer une*, même fur la demande de l'autre, *de donner fes motifs* ; 3°. fi *elle les donne*, le magiftrat prononcera contre l'accufé ou contre le calomniateur, que le confentement foit ou non réciproque.

§. 1er.

Le confentement mutuel des époux doit éviter aux parties le défagrément de rendre compte des motifs de leur divorce.

Si le confentement mutuel exifte , je foutiens que le penchant de chacun des époux étant celui de tous les hommes , de conferver l'eftime de fes concitoyens , & de rejeter les fautes de la diffolution d'un engagement , tel que le mariage , fur l'objet qu'il quitte, il ne peut pas y avoir une caufe, tant foit peu politique & raifonnable, pour forcer des époux à rompre un filence qui leur fait honneur, s'il vient du fentiment, & qui le leur conferve, fi l'intérêt d'un feul le commande.

Qu'il faut de puiffans motifs pour leur faire defirer l'annihilation d'un pareil engagement ! L'eftime n'exifte plus ; la confiance eft détruite : le bonheur ne peut renaître. Voudroit-on par cette diffamation respective forcer des conjoints de dire ce qu'ils ont intérêt de cacher? Le secret des lettres est déclaré inviolable : eh quoi! les secrets du lit nuptial seroient-ils moins sacrés? Voudriez-vous dans les espèces que j'ai supposées pour les Catholiques, forcer l'une des parties à venir dire publiquement que l'autre est incestueuse ? Voudriez - vous que, sous le prétexte de se disculper, une épouse vînt accuser son mari d'avoir séduit la fille ou la femme de son voisin, & qu'elle administrât, pour sa justification, la preuve de ce fait déshonorant pour un tiers? Exigeriez-vous qu'un époux vienne accuser l'autre d'avoir levé un fer homicide sur son sein, d'avoir versé du poison dans sa coupe, & que l'autre soit forcé d'en convenir? Croirez-vous nécessaire d'obliger une jeune personne, rougissant déja de ce que la cause de son éloignement peut être soupçonnée, de dépouiller toute pudeur, pour vous dire : *je devrois être femme.........* & *je ne le suis pas...... mon mari ne peut être mon epoux?* Vos tribunaux actuels feront-ils une école de diffamation pour les parties, & de libertinage pour les auditeurs, comme les anciens le devenoient, lors des plaidoiries des demandes en nullité de mariage ou de séparation? Qu'auroient gagné nos mœurs à cet égard? Les tribunaux étant plus multipliés que ne l'étoient les cours, ce qui ne pouvoit corrompre davantage un auditoire déja corrompu dans les grandes villes, infecteroit & vos bourgs & vos campagnes, dans lesquels au moins l'excès du libertinage n'est pas encore tellement avoué qu'on doive y ouvrir des cours publics de cette science. Votre forme nouvelle empêcheroit d'ailleurs les Juges de district de pouvoir prendre, pour garantir de cet inconvénient une foule d'auditeurs attirés par la curiosité & l'intérêt de la cause, les précautions que les cours adoptoient quelquefois. N'a-t-on pas vu de ces discussions ou des images tellement lascives, tellement dégoûtantes devoient être préfentées , que non contens de ce que les Juges les faifoient plaider à huit clos, les avocats , par refpeɛt pour eux-mêmes , en faifoient la peinture dans cette langue morte , à laquelle l'oreille Françoife a daigné laiffer le droit de repréfenter tout ce qu'elle a eu la délicateffe d'interdire à la langue vivante?

Mais le mariage , me dit-on, fera donc un contrat plus aifé à diffoudre que celui d'une vente ; car il faut, dans ce dernier cas, recourir au prince , & lui prouver qu'on a été léfé d'outre moitié , pour obtenir que les parties foient remifes au même état où elles étoient avant d'avoir contracté ?

On n'a befoin de ces lettres, répondrai-je , que dans le cas de léfion d'outre moitié. Dans la circonftance où le divorce devient néceffaire , la léfion eft du tout au tout, & les portions qui manquent au tout, font autant inféparables de lui , autant indivifibles entr'elles, qu'il eft certain que la liberté eft inceffible & inaliénable. Les lettres de refcifion ne font d'ailleurs néceffaires que quand l'une des parties contefte ; car jamais on n'y a eu recours, quand , avantageux ou non pour l'une d'entr'elles, toutes confentoient à annuller le marché.

Quel feroit donc l'intérêt public qui forceroit des époux s'abhorrans, à dire les caufes pour lefquelles ils veulent fe quitter ? C'eft qu'ils fentent qu'ils font tellement peu faits l'un pour l'autre, qu'ils ne peuvent fe voir fans fe defirer mutuellement la mort, & fans être peut-être prêts à fe la procurer. Faut-il qu'ils faffent cette douloureufe confidence, faut-il qu'ils vous en faffent mille autres ? Déliez-les, ils feront fans doute un bon père , une bonne mère de famille s'ils font féparés (1).

____

(1) Il exifte en Suiffe un exemple peut-être unique. Deux hommes & deux femmes ont été obligés de divorcier; le mari de l'une a époufé l'autre , & celle-ci a époufé le mari de la première. Les deux ménages vivent enfemble dans la meilleure

Faut-il les condamner à la corde, parce que leurs caractères font en oppofition, ou les mettre, ce qui revient au même, dans une pofition telle que, l'un périffant par un crime, l'autre foit deftiné à l'échafaud, parce qu'on aura voulu les forcer à un aveu, qu'il n'étoit pas plus raifonnable pour eux de faire, qu'utile pour la fociété d'exiger.

Voulez-vous des autorités? Cette difcrétion refpective étoit admife & autorifée par la loi que Solon donna à fes concitoyens. Les Romains, en en adoptant une contraire, foulèrent aux pieds les droits de la nature, pour établir leur tyrannie fur les Sabines qu'ils avoient enlevées. Imiterez-vous, oracles de la France, plutôt ces defpotes, que Solon? Imiterez-vous l'exemple des tyrans, ou celui du fage qui fit le plus d'honneur à la Grèce?

§. I I.

La volonté d'un feul époux fuffit, fans qu'il foit tenu de rompre le filence fur les motifs qui le forcent à divorcier.

Je vais plus loin, & je crois que fi une feule des parties demande le divorce, quoique l'autre le refufe, la fociété doit refpecter le filence que la première s'impofe fur les motifs de fa demande, fans l'obliger de les déclarer.

Il exifte deux cas, où ce filence eft abfolument néceffaire.

Dans le premier, l'époux qui veut fe féparer, a été témoin de fon déshonneur; une femme a vu fouiller le lit

---

intelligence; ce qui prouve que l'incompatibilité de caractère eft fouvent relative. Quoique le Divorce foit facile dans ce pays, on en voit peu d'exemples, ce qui prouve auffi que ce n'eft pas la facilité qui le multiplie.

nuptial auquel elle étoit attachée : l'un des deux a senti couler dans ses veines un breuvage empoisonné, ou désarmé une main scélérate dont le poignard étoit dirigé sur son cœur : admettez une multitude d'autres cas de ce genre (1) ; aucun témoin ne peut cependant déposer de ces faits, constans pour celui qui les a vus & qui en a été ou devoit être la victime; car ou il n'a pu s'en procurer, ou pouvant en appeler, il n'a pas voulu en avoir, qui puissent attirer la sévérité des lois sur la tête de la personne dont il a cru devoir sauver & l'honneur & la vie.

S'il n'a pu avoir des témoins, le forcerez-vous à vous détailler des horreurs dont il lui est impossible de donner les preuves : s'il eût pu en avoir, & qu'au lieu de les appeler, il ait taché d'écarter jusqu'au soupçon, lui ferez-vous un crime de sa générosité?

Ah! François, cette vertu fut celle de vos pères : une constitution nouvelle doit faire éclore chez vous toutes celles qui leur manquèrent, & vous rendre toutes celles qu'ils ont eues. Rappelez, rappelez-vous ces faits affreux de votre histoire des Tribunaux ; vous lirez dans ces annales que pour obtenir une séparation, quelquefois juste, les femmes qui avoient eu affaire à des tyrans adroits, manquant des preuves nécessaires, ont été forcées de s'a-

---

(1) Je citerai ce fait entr'autres, qui a donné lieu à un mari d'invoquer cette autorité arbitraire qu'on a détruite avec raison. Une femme créole, & vive par conséquent, ferme sur elle & sur son époux la porte de son appartement, jette la clef par la fenêtre, dit à son époux qu'elle saura trouver le moyen de se venger & de le faire accuser de sa mort : elle se donne, malgré les efforts de son mari, trois coups de couteau avant qu'il ait pu la désarmer & avoir du secours. Quels étoient les témoins qui eussent pu disculper ce dernier d'un assassinat constant ? Le délit & la mauvaise intelligence étoient des présomptions bien fortes contre l'époux qui avoit le malheur d'avoir une moitié aussi emportée.

vilir au point de suborner des témoins; que des maris, pour écarter cette séparation, se sont cru permis d'avoir recours à la même bassesse, & n'ont pas rougi d'accuser d'adultère des femmes innocentes, ou qui devoient le paroître aux yeux de la loi, & vous vous assurerez que les uns & les autres ont trouvé des complices de ce faux, dans des amis méprisables ou dans des domestiques corrompus.

Mais, me direz-vous, comment est-il possible que le consentement mutuel ne naisse pas de la certitude où sont les parties, de faits tels que ceux que vous citez ? J'en suis étonné comme vous, si je consulte ma raison & mon cœur; mais je vois que, pour la séparation, il est certain que cela n'a pas été : & je conclus que, si des intérêts de fortune, la peur de rendre une dot, le desir de conserver des avantages portés au contrat de mariage, l'espoir d'obtenir d'un mari vivant la jouissance d'un douaire dont on n'auroit dû jouir qu'après sa mort, si, enfin, mille autres motifs démontrés plus communs, d'après les faits, que probables d'après le raisonnement, ont conduit à des subornations de témoins, des plaideurs en séparation, ces mêmes motifs peuvent empêcher le consentement mutuel qui rameneroit la paix; consentement que la partie coupable, sûre que la preuve des faits manque, se gardera bien de donner pour le divorce, afin de ne perdre aucun de ses avantages.

Lois nouvelles, lois qui devez faire le bonheur de ma patrie, punissez le crime, si vous n'avez pu le prévenir : prévenez-le par tous les moyens qui sont entre les mains des hommes; mais ne ressemblez pas à celles dont vous allez tenir la place, ne les rendez pas nécessaires à la tranquillité de ceux que vous devez protéger. Le cœur humain n'est-il pas assez perverti, sans que vous lui donniez à choisir entre un crime utile ou un malheur inévitable.

Le second cas, qui doit faire respecter le silence, est

celui où l'époux innocent a des témoins en nombre fuffifant pour conftater l'adultère. Ne feroit-il pas poffible
que l'autre tentât de corrompre ces témoins? Un premier
crime porte naturéllement celui qui veut le cacher, à en
commettre un fecond.

Mais je veux que les témoins foient honnêtes ; je
veux même qu'ils foient affez éclairés pour ne pas croire
pieufement que de tels faits devant être pardonnés, ils
n'auront point à fe reprocher un filence qu'ils jugeront
officieux. Ce filence, hélas ! ne leur fera-t-il pas recommandé par ceux qui préférant de faire valoir leur opinion fur l'indiffolubilité du mariage, à l'expofé du vrai, difent que tout crime entre époux ne doit pas rompre le
contrat qui les lie. Je redoute cette morale ; & fi quelqu'un
me répond que cette opinion, en faveur du menfonge
officieux, ne fera adoptée par aucun théologien, je le ren-
verrai à leurs livres : il y trouvera fans doute des opinions bien plus erronnées. L'hiftoire ne nous prouve-t-elle
pas que c'eft parmi eux, que les crimes des Ravaillac,
des Jacques Clément & des Charles IX ont trouvé des
apologiftes.

J'admets donc des témoins en nombre fuffifant, & in-
corruptibles.

Dans ce cas, l'époux accufateur eft fûr de la vic-
toire. Quelque tort qu'ait l'une des parties, lorfque le
duel eft appelé par les préjugés à terminer une querelle,
la fociété ne regarde-t-elle pas comme affaffin celui qui
ne renonce pas aux armes, qui lui donnent fur fon ad-
verfaire une fupériorité marquée ? le trouve-t-elle généreux, s'il ne laiffe au plus foible le choix des armes ? Votre
ame prononce dans ce cas, j'en appele à fon jugement,
prononcez dans celui-ci.

Oui, vous trouverez de la générofité dans l'époux,
dans l'époufe, qui ayant entre leurs mains les preuves
complètes du crime qui les force à fe défunir, ména-
gent jufqu'à la réputation du coupable qui leur fut
cher, bien loin d'attirer fur fa tête la jufte févérité des

lois. Vous vous direz , Dieu permit aux Israélites de renvoyer leurs femmes sans en dire le motif, les Romains eurent par leurs lois le même droit ; elles ne peuvent nous paroître injustes , que parce qu'elles n'accordoient pas une réciprocité fondée sur la nature. Ce défaut, que nous remarquons dans la Loi des Israélites, est expliqué par l'Evangile : c'est à raison de la dureté de son cœur, que Dieu l'accorda à ce peuple ; mais la loi nouvelle rend tous les sexes égaux : elle recommande consciencieusement aux chrétiens, de ne pas se séparer si ce n'est pour cause d'adultère , fornication ou faute grave contre les lois du mariage. Cette dernière loi qui ne condamne pas Joseph pour avoir voulu renvoyer Marie, sans donner les motifs de son divorce; cette loi qui recommande le pardon des injures ; cette loi qui invite, lorsqu'on est frappé sur une joue, à tendre l'autre ; cette loi qui conseille d'abandonner son manteau à celui qui plaide pour avoir la robe dont on est couvert ; cette loi, certes, ne condamne pas rigoureusement à faire lapider , ou à garder l'épouse adultère : elle ne condamne pas celui qui, pour sauver la réputation du coupable , fait succéder à l'idée de vengeance, qui n'est que trop naturelle à l'homme, un pardon généreux & charitable , qui sauve la réputation du coupable ; enfin, elle ne blâme pas non plus l'offensé qui ajoute, à ce pardon , & l'abandon des avantages que le coupable ne mérite plus, & la possibilité d'obtenir même des dommages & intérêts auxquels le silence absolu doit donner lieu, s'il se contente de répondre comme Caton : *vous voyez mon brodequin ; il vous paroît me convenir , mais vous ignorez où il me blesse.*

§. I I I.

La Loi cependant doit permettre d'énoncer les délits qui font la matière du Divorce , & en ordonner la punition.

Par ce que je viens d'exposer dans les deux paragraphes de ce chapitre , je n'ai pas entendu établir l'impunité du crime.

E 2

La société a le droit de punir tous ceux qui troublent l'ordre public, mais elle ne doit s'occuper qu'avec ménagement des délits, qui agitent l'intérieur des ménages ; & à moins que cet ordre ne soit troublé par les dissentions domestiques, les accusateurs publics ne doivent point se charger de les dévoiler. C'est ce que notre jurisprudence a conservé de plus raisonnable sur cette matière.

Mais, si une des parties dénonce & poursuit, alors les tribunaux doivent prononcer ou la peine qui est la punition du délit prouvé, ou celle due au calomniateur.

Il faut donc une loi qui fixe les cas qui donnent lieu au divorce, & que ce soient les seuls pour lesquels l'époux mécontent puisse poursuivre juridiquement.

Que la partie accusée donne son consentement au divorce, qu'elle le refuse, tout cela est indifférent. Dès qu'elle est accusée, il faut qu'elle se défende. Si elle est coupable, elle doit être punie ; si elle est calomniée, elle doit être vengée : mais quel que soit le succès de l'accusation, elle n'est qu'un motif de plus pour que le divorce soit prononcé ; & si ce dernier regarde le tribunal de famille, le jugement de l'accusation n'est pas de son ressort.

Un époux accuse sa femme d'adultère, d'assassinat, d'un délit quelconque déterminé par la loi, & déclare que tel est le motif de la demande en prononciation de dissolution de contrat de mariage ; qui osera me dire qu'il faut attendre le sort de cette accusation, pour prononcer s'il y aura divorce ou non ? Une accusation, de ce genre, est elle-même un motif suffisant pour qu'il soit plus promptement prononcé. Il sera prouvé que l'une des parties est coupable ou du délit dénoncé, ou de calomnie ; & cette dernière est d'autant plus atroce, que ce n'est pas seulement une de ces diffamations qui échappent dans un cercle, espèce même que la loi ne doit pas tolérer ; mais qu'elle a pour but d'attirer, outre la diffamation publique, une . peine déterminée fur la tête de l'accufé.

Si cette détermination de délits & de peines n'exif-toit pas dans nos lois, notre code feroit imparfait ; fi je ne le demandois pas, on auroit raifon de me repro-cher d'étendre trop la facilité du divorce, & de vouloir autorifer, par l'impunité, tous les crimes domeftiques, parce que, pour obtenir le confentement de la partie qui fe refuferoit à la demande en diffolution, celle des parties qui en defireroit la prononciation, fe croiroit tout permis pour l'obtenir fans perdre aucun des avan-tages qui lui ont été affurés lorfqu'on comptoit fur une union plus heureufe.

Mais telle n'a pas été mon opinion : j'ai pu dire, j'ai dû dire que la fociété n'avoit nul intérêt, & par conféquent nul droit à contrarier un defir mu-tuel, pour exiger de rendre publics des motifs que les parties étoient convenues refpectivement de ca-cher : j'ai pu & j'ai dû foutenir qu'on ne devoit, dans aucun cas, forcer une feule partie de détailler les caufes pour lefquelles elle vouloit abfolument fe féparer ; & je dis maintenant que fi celui des époux qui eft forcé de recourir à ce remède violent, n'a pas le droit de fe plaindre d'un délit, de le dénoncer, de pourfuivre le coupable, alors les divorces feront auffi communs que le font les féparations, parce qu'en faifant ce qu'on de-voit pour la tranquillité des hommes, on n'aura pas fait ce qui eft néceffaire pour la réformation des mœurs.

§. I V.

La différence qui exifte entre ces trois manières de pro-céder doit être utile aux mœurs ; & rendre très-rare le Divorce.

On a déja dû voir la différence que je mets entre

les trois manières de procéder à la demande en diſſolution de mariage.

1°. Dans le cas du conſentement mutuel, la loi doit veiller à une ſeule choſe, c'eſt que, pour acheter ce.conſentement, une des familles ne ſoit point dépouillée de ſes biens pour enrichir celle de l'époux qui aura vendu ſon conſentement au divorce, comme il avoit, peut-être vendu précédemment ſon conſentement au mariage.

2°. Si l'un des deux conjoints veut le divorce, que l'autre s'y oppoſe, & que le premier ne veuille ou ne puiſſe pas accuſer d'un des délits prononcés par la loi; alors la loi doit adjuger à celui des époux, qui a ſommé le demandeur de donner ſes motifs, non ſeulement les avantages ſtipulés en cas de diſſolution de la communauté ſoit par le contrat de mariage, ſoit par la coutume, mais encore des dommages & intérêts proportionnés au tort que le divorce doit occaſionner à ſa fortune; & cette précaution qui n'empêche ni le pardon des injures, ni les actes de généroſité, ſuffit pour empêcher l'abus. On aime rarement à ſe dépouiller pour ceux qu'on deſire quitter ; il faut pour cela ou un grand fond de vertu, ou l'impoſſibilité de faire autrement.

3°. Mais ſi l'un des conjoints demande le divorce, quand l'autre déclareroit y conſentir, dès que l'accuſation d'un délit, prévu par la loi, eſt donnée pour motif ou de la demande, ou du conſentement, l'accuſation eſt une choſe indépendante de la demande, quoiqu'elle en ſoit la cauſe, & l'accuſé doit être puni ou le calomniateur doit l'être. Cette dernière alternative eſt ce que la loi doit s'attacher à déterminer avec préciſion, de manière que la poſſibilité de l'accuſation détruiſe le crime, & que la certitude de la punition empêche ou la fauſſe ou la téméraire accuſation.

Avec ces précautions que pouvez-vous craindre du divorce? François! ce ſont des mœurs qu'il vous faut. Eh!

quelle eſt la femme qui commettra le crime lorſqu'elle verra que la loi, d'accord avec la raiſon, caſſe un lien que ce crime a rompu? Quelle eſt la femme qui ſe permettra même ces démarches inconſéquentes, légères pour elle & cruelles pour un époux, puiſqu'elles la font ſoupçonner d'un crime bien loin peut-être de ſon cœur, lorſqu'elle réfléchira que celle qui fit cette faute, eſt abandonnée, délaiſſée de toutes parts ; que le public la juge encore plus ſévérement que le mari qui l'a rejetée & qu'il dit : *elle a été ſoupçonnée, ſa conduite a aidé à ce ſoupçon, ſon mari n'a pas été heureux ; nous avons vu l'ame de ce dernier déchirée entre la cruelle alternative de faire punir l'offenſe, ou de la pardonner : il a préféré le dernier parti ; qui d'entre nous pourroit eſpérer d'être plus heureux avec elle ?*

Un mari oſera-t-il alors ſe livrer à ces emportemens, à ces vices qui faiſoient preſque toujours la matière des ſéparations ? Il pourra compter ſur la douceur de ſon épouſe, ſur ſa patience même juſqu'au moment du divorce, mais il ſe gardera d'épuiſer la première de ces vertus, & de pouſſer à bout la ſeconde ; car il n'aura plus à compter ſur le défaut de preuves, ou ſur l'indulgence des juges ; il n'aura plus la poſſibilité de calculer juſqu'à quel degré il peut pouſſer ſa tyrannie domeſtique pour qu'elle déſole une femme ſenſible, ſans que la loi puiſſe la venger : il ſe rappellera que cette femme eſt maîtreſſe de lui échapper, & que quand elle auroit la généroſité de ne pas publier ſes griefs, le Public ſoupçonneroit ceux qui ſont réels, ou lui en prêteroit de plus grands ; il tâchera donc de n'en avoir aucun. Hâtez-vous de l'y décider, Légiſlateurs ſuprêmes ; rappelez, rappelez-vous le motif qui vous a déterminés à abattre l'arbre immenſe de la féodalité ; il eut pû vous paroître ſupportable, ſi vous n'euſſiez penſé avec raiſon qu'il n'y a pas de plus grande tyrannie que celle des petits tyrans.

§. V.

Des Tribunaux qui doivent prononcer en matière de Divorce, de la forme d'y procéder & des délais.

Quels font les Tribunaux auxquels les Légiflateurs doivent accorder la connoiffance des demandes en divorce ?

On choifira, fans doute, ceux qui peuvent plutôt réunir des époux que les féparer : leurs parens, leurs amis recueilleront leurs larmes, calmeront leurs peines, adouciront leur animofité & prononceront enfin, s'il eft inévitable, un divorce devenu néceffaire pour la paix & la tranquilité de deux familles.

Mais la fentence de divorce une fois prononcée, ces Tribunaux, dans les deux premiers cas où il n'exifte pas d'accufation, ne peuvent rien décider fur les intérêts des fortunes, parce que des parens fe trouveroient juges fouvent dans leur propre caufe, & toujours dans celles de perfonnes dont le fort doit vivement les intéreffer. Les Tribunaux de Diftrict doivent donc être chargés de cette dernière fonction ; & dans le troifième cas, celui où il exifte une accufation, fi les Tribunaux de famille doivent avoir toujours, fuivant moi, le droit de prononcer la fentence du divorce, les Jurés doivent connoître de la conviction du délit comme de toutes les autres accufations criminelles, & dans la forme qu'indiqueront nos nouvelles lois.

Il n'eft pas d'inftitutions fages dont on ne puiffe abufer. Auffi les formes n'ont été adoptées par les lois que pour prévenir l'abus qu'on peut en faire. Tels furent les motifs qui décidèrent les anciens à créer des formules ; mais ce n'eft point par ces vaines formules de mots que je defire qu'on rende à la fociété le fervice d'arrêter des époux égarés par la colère, & de les ramener, s'il eft poſſible , à une concorde néceſſaire pour leur bonheur que quelques nuages ont pu troubler.

Les paratonnerres écartent de nos têtes les malheurs dont la foudre nous menaçoit , mais ils ne privent pas nos champs altérés de la pluie qui doit les féconder , & ils ne garantiſſent pas la terre de la grêle qui détache quelques-uns des fruits qu'elle nous eût-prodigués : de même le divorce , ſeul remède que je connoiſſe pour des maux extrêmes que nul autre ne peut guérir , ne doit nous priver ni de ces rapprochemens qui font la ſuite d'un éclairciſſement , dont le cœur des deux époux a également beſoin , après un léger orage , ni même de cette réunion qui fait le bonheur mutuel , & de celui qui ſent quelque plaiſir à pardonner une erreur , & de celui dont l'unique occupation ſera de la faire oublier.

C'eſt par une forme de procéder qui laiſſe aux parties le tems néceſſaire à la réflexion , que je crois donc qu'on doit tenter de rapprocher deux caractères peut-être emportés par l'humeur , la jalouſie , &c , mais non tellement aigris , que le divorce ſoit le ſeul remède à leur préſenter : de ſages , d'utiles précautions peuvent produire des réunions deſirables que la contrainte éloignera & qu'elle finiroit par rendre impoſſibles.

La forme de procéder doit être très-ſimple ; elle doit doit l'être , d'autant plus que celle adoptée pour les ſéparations ne ſervoit qu'à irriter les parties , au lieu de les adoucir.

Dans le cas du conſentement mutuel , une déclaration faite par les parties ſera la première pièce de la procédure.

Dans le cas où le conſentement de l'une des parties eſt refuſé , ſans que le demandeur veuille expliquer les motifs de ſa demande , une ſimple citation amenera le défendeur au Tribunal.

Enfin , dans le cas où on ſe ſera fondé ſur un délit dont on aura demandé à faire preuve , la ſignification de la plainte conduira l'accusé devant les Juges du Tribunal de famille.

La forme de la demande déterminera les délais propres à s'assurer que les liens du contrat civil pèsent tellement aux parties, qu'ils doivent les délivrer du fardeau de ces chaînes dont elles ne peuvent plus supporter le poids (1).

Dans le premier cas, les Membres du Tribunal de famille entendront les époux ; ils tâcheront de leur faire sentir les inconvéniens qui pourroient résulter de la rupture d'une pareille union. Si de nouveaux sacrifices peuvent les rendre supportables, ils y joindront toutes les représentations propres à les décider, & ils ajourneront les parties à trois mois.

A cette époque, si les parties comparoissent de nouveau, & persistent dans leur demande, si elles attestent que le consentement respectif est le fruit des réflexions les plus sérieuses, le Tribunal réitérera ses observations & les réajournera à trois mois.

Enfin si ces époux paroissent de nouveau & persistent encore, la sentence de divorce sera prononcée en ces termes.

» Sur la demande des parties, & d'après leur consen-
» tement prêté & réiteré, de trois mois en trois mois, les.....
» Et eejourd'hui, nous ordonnons que ..... (les par-
» ties) ..... feront & demeureront séparées, déclarons
» que le contrat de mariage existant entre elles est dif-
» fous, & que chacune d'elles est libre de former de nou-
» veaux nœuds. — Et ce sera d'après ce jugement que les

---

(1) C'est l'avis de M. Guillotin que j'adopte, quant aux délais dans les trois cas, parce qu'il m'a paru laisser aux parties le temps suffisant pour une réflexion libre, telle, par conséquent, qu'on doit la desirer lorsqu'il est question de rompre un engagement de cette nature ; telle qu'on devroit desirer que les parens la laissassent lorsqu'il est question de le former.

intéréts des conjoints feront fixés, ou volontairement par un acte devant Notaire, fujet, ainfi que cette fentence, à l'homologation dans le Tribunal de Diftrict, ou devant les Juges de ce dernier Tribunal, au moment où l'homologation de la fentence de divorce fera requife. Dans l'un & l'autre de ces cas, la fonction des Magiftrats fera de juger fi le confentement n'a pas été acquis par des ceffions auffi nuifibles à l'une des parties qu'elles le feroient aux bonnes mœurs; ils pourront annuller ces dernières, mais le divorce n'en feroit pas moins valide.

Dans le fecond cas, c'eft-à-dire, fi le demandeur n'a pas donné de motifs, ou s'il n'en a pas donné de déterminés par la loi, quoique l'autre partie en ait fommé, le Tribunal de famille leur fera les repréfentations relatives aux circonftances, & les ajournera à fix mois : fi à ce tems les chofes font dans le même état, il renouvellera fes repréfentations avec inftance, & les renverra définitivement à fix mois, au bout defquels, après les avoir entendues de nouveau, il prononcera fa fentence en cette forme : — Sur la requête de Pierre ..... demandeur, &
» fur la fommation qui lui a été verbalement faite par
» Marie ..... fon époufe, défendereffe, de déclarer les
» motifs de fa demande, ce à quoi le demandeur s'eft
» refufé, après les avoir entendus refpectivement de fix
» mois en fix mois, les ..... & ce jourd'hui, nous or-
» donnons que les parties feront & demeureront féparées,
» déclarons que le contrat de mariage exiftant entre
» elles eft diffous, & que chacune d'elles eft libre de
» former de nouveaux nœuds ; difons que le contrat de
» mariage, fera exécuté, felon fa forme & teneur, envers
» la défendereffe, & pour fon refus de déduire les caufes
» de fa détermination, difons que le demandeur doit
» être condamné envers la défendereffe en ..... livres
» de dommages-intérêts. »
-Lors de l'homologation de cette fentence dans le tribunal de Diftrict, les Magiftrats de ce fiége décideront

quels sont les avantages du contrat de mariage dont doit
jouir la partie qui n'a point prêté de confentement à la
diffolution de fon mariage, et fi les dommages-intérêts
arbitrés par le tribunal de famille font fupérieurs à la
perte qui lui eft occafionnée, ou s'ils font au contraire
trop foibles : dans l'une ou l'autre de ces fuppofitions,
ils feront compétens pour les augmenter ou diminuer.

Enfin, dans le dernier cas, celui où la partie qui de-
mandera que le divorce foit prononcé, aura fait précéder
cette demande d'une plainte explicative d'un ou de plufieurs délits déterminés par la loi, foit que l'accufé confente, foit qu'il refufe d'accéder à la demande, le tribunal de famille redoublera fes repréfentations ; il tâchera
de fauver le fcandale et de porter l'accufateur au défif-
tement : mais, dans tous les cas, il ajournera les parties
à fix mois ; il les réajournera à un terme égal au bout
de ce tems, et il finira par prononcer ainfi fon jugement :

« Sur la requête de Jeanne .... demandereffe et accu-
» fatrice par fa plainte du ... (tel jour) .... contre Ni-
» colas .... fon époux, défendeur et accufé ; après les
» avoir entendus refpectivement , de fix mois en fix
» mois, les .... et cejourd'hui, nous ordonnons que les
» parties feront & demeureront féparées ; déclarons que
» le contrat de mariage exiftant entr'elles eft diffous, et
» que chacune d'elles eft libre de former de nouveaux
» nœuds, fauf aux parties à faire prononcer dès mainte-
» nant le jugement définitif de l'accufation portée en
» ladite plainte, et fur les répétitions qu'ils peuvent ref-
» pectivement fe faire en vertu des claufes de leur
» contrat. »

On voit, par cette dernière difpofition, que je fuppofe
que le jugement définitif du délit a été fufpendu pendant
l'année fixée pour la prononciation du divorce; et certainement, fi on veut fuppofer que le délit eft des plus
graves, que l'adultère même eft le crime dont on accufe,

un an donné au repentir, pour pardonner la faute, fi on peut la prouver, ou la calomnie, fi l'accufation eft fauffe, vaut certainement mieux que les deux ans accordés au mari pour reprendre une femme déshonnorée après fon jugement. En effet, ce n'eft pas après qu'un volcan a parcouru les campagnes & les a·furchargées d'une maffe énorme de lave, qu'on invite le cultivateur à tranfporter, dans fes champs ravagés, une charrue qui doit y être inutile ; mais c'eft avant qu'un fleuve furieux ait pu rompre fes digues & lui enlever une partie de fon héritage, qu'on vient lui propofer fagement de le mettre en état de défenfe contre les inondations.

CHAPITRE V.

Du fort des enfans & des époux après la diffolution de la communauté, opérée par le Divorce.

Quelqu'intéreffant qu'il paroiffe de fixer le fort des enfans & celui des époux, après la diffolution de la communauté opérée par le Divorce ; quelque preffant qu'il foit de s'occuper de ces objets, et fur-tout du premier, les lois qui doivent remplir ce double but, font des lois de détail ; elles ne doivent pas précéder la décifion de l'Affemblée fur le point principal ; elles feront la fuite du principe : *le Divorce fera-t-il rétabli ?*

Ce ne fut point en commençant par régler combien chaque curé et chaque vicaire auroit de gages, comment les juges feroient élus, fur quel pied les droits feigneuriaux feroient rachetés, ni en quelle forme la refponfabilité des miniftres feroit jugée, que l'Affemblée nationale s'eft décidée à remonter au principe dont ces objets intéreffans devenoient la fuite néceffaire.

La difpofition des biens du clergé eft-elle ou non à la Nation ? telle fut la propofition qu'on décréta à l'affirmamative, avant de s'embarrasser de la manière dont les ecclésiastiques seroient salariés par l'Etat.

On demanda à l'Assemblée nationale si les Juges seroient au choix du peuple ou à la nomination du Roi, avant de l'interroger sur la durée de leur magistrature et le mode de leur élection.

Le régime féodal sera-t-il ou non conservé, fut une question proposée & décrétée avant qu'on passât à celles qui avoient pour but de décider quels étoient ceux des droits seigneuriaux qui seroient non rachetables, et ceux qui pourroient être rachetés, ou de fixer quels seroient les différens prix des rachats de ces derniers.

Enfin, la responsabilité des ministres est décrétée, et le mode, d'après lequel les faits desquels ils répondent doivent être portés en jugement, n'est pas décrété maintenant; le tribunal même qui doit connoître de leurs crimes n'est pas encore établi.

Il existoit dans l'art héraldique deux moyens de s'assurer d'une généalogie : des branches on pouvoit remonter à une source commune, ou du tronc porter son attention aux rameaux qui en étoient sortis.

Mais l'art de faire des lois est de ramener au principe, et de le décider auparavant de passer aux lois de détail. C'est de cette manière qu'on fait, en peu de tems, un ouvrage solide et durable. Le principe une fois décrété, les obstacles disparoissent; chacun s'empresse à les levers : ceux mêmes dont l'opinion est venue se briser contre le faisceau de celles de la majorité, sont les premiers à chercher les conséquences du principe qui est devenu le leur après le décret prononcé (1). Si, au lieu

______

(1) Telle est au moins ma manière de voir, & je ne crains pas qu'on ose soutenir que ma manière d'agir y ait été contraire. Envoyé par mes Commettans pour contribuer, de ma voix, à la confection des lois, j'ai du porter leur opinion, & au défaut de celle-ci, la mienne. Je ne me disculpe pas d'avoir eu un avis contraire à celui qui a été adopté; je me

de fuivre cette marche, on s'attachoit à celle qui y eft diamétralement oppofée, on ne parviendroit que bien lentement & bien difficilement à remonter à ce principe; et je fuppofe qu'enfin on y parvînt, tout le travail anté-rieur, feroit encore à réformer : car n'étant pas le fruit d'une volonté bien arrêtée, aucune des décifions dont il feroit le réfultat n'auroit cette liaifon intime et nécef-faire qui doit régner, foit entre le principe & les confé-quences, foit même entre chacune de ces dernières, lorf-qu'on compareroit l'une à l'autre.

Or, dans cette matière, quelle eft la première pro-pofition, celle de laquelle doivent découler toutes les autres ? C'eft fans doute celle-ci : *Le divorce fera-t-il ou non rétabli ?* Si elle eft décidée à la négative, pour le malheur du genre humain, toutes les autres queftions font inutiles. Si l'affirmative prévaut, l'Affemblée nationale alors chargera foit fon comité de Conftitution, foit un autre comité, de préparer des lois qui fixeront le fort des enfans et celui des époux après le divorce (1).

---

fais honneur de l'avoir dit avec franchife lors de la difcuffion. Ne pas voir, dans telle circonftance, ce que voit la majeure partie de fes collegues, eft, fans doute, un malheur per-fonnel ; mais, dans ce cas, diffimuler fon avis, feroit une baffeffe. Le Décret, une fois prononcé, quelqu'ait été mon opinion, il eft mon ouvrage, & je dois à mes Concitoyens l'exemple de la foumiffion. J'ai été envoyé, non pour faire la Loi, mais pour y contribuer, fi mon avis prévaut ; & pour la fupporter, s'il eft rejeté. Dans ce dernier cas, j'ai toujours voté, je voterai toujours de bonne foi fur les fuites d'un plan qui a été adopté par la majorité.

(1) Je rappelle à la mémoire de l'Affemblée que, lorfque je crus devoir combattre la Motion par laquelle un hono-rable Membre avoit propofé de déclarer que la Religion Ca-tholique étoit la Religion dominante de l'Etat, j'obfervai que le Clergé ayant trouvé le moyen de s'emparer de la connoiffance d'une multitude de caufes matrimoniales, il étoit intéreffant de ne pas décréter cette Motion avant d'avoir

Cependant fi mon opinion, en attendant que le Corps légiflatif l'ait réformée, pouvoit tranquillifer & prévenir les inquiétudes, j'aurois eu tort de ne pas l'expofer.

SECTION PREMIÈRE.

De l'état des enfans après le Divorce.

Enfans, dont les Légiflateurs doivent préparer le bonheur par l'éducation, et le fixer par de bonnes lois ; vous pour qui la fociété s'intéreffe, vous pour qui veulent paroître s'intéreffer auffi jufqu'à vos ennemis, lorfqu'ils difent qu'ils ne s'oppofent au Divorce que parce qu'il vous feroit contraire : oui, la loi qui le rétablira, fera plus pour vous que la nature.

Lorfque cette dernière fépare vos parens, elle vous laiffe à en pleurer un, et rien, hélas ! ne peut vous le rendre ; & lorfqu'une féparation, précédée d'une diffamation juridique, écarte l'un d'eux du domicile commun, notre jurifprudence, auffi barbare que la mort, vous fait gémir des égaremens d'un époux ; égaremens divulgués par celui qui partagea le lit qui vous vit naître, et auquel on prouva peut-être qu'il n'en fut pas exempt. Souvent, dans ces deux fituations également pénibles, celle de la mort et celle de la féparation, c'eft dans les mains de celui de vos père et mère qui y étoit le moins propre, que fe trouvent confiées et votre éducation et la confervation de vos biens. L'amitié prévoyante de ceux qui vous font attachés regrette alors pour vous celui que vos careffes cherchent en vain ; il vous a été enlevé ou

---

retiré cette efpèce d'engagement d'une portion de la juridiction fouveraine, & que je demandai l'établiffement d'un Comité de douze Membres pour préparer les lois relatives aux contrats de mariage & à leurs effets civils. Je n'ai point abandonné cette propofition ; elle fera la fuite des principes que je propofe de décréter.

par

par les ſuites d'une maladie que cauſa peut-être le chagrin ; ou par les excès de la tyrannie de celui qui vousreſte.

De qui recevrez-vous l'éducation & les autres ſecours que votre âge rend néceſſaires? Quelle eſpèce de biens feront les vôtres, & qui les conſervera? Telles ſont les demandes que vos véritables amis nous font, & aux-quelles vos ennemis eſpèrent qu'on ne répondra pas. Raſſurons les uns & confondons les autres.

§. I.

Qui ſera chargé de la tutelle des enfans, dans le cas de Divorce ?

Si c'eſt un devoir ſacré pour les pères & mères de ſoigner l'éducation des enfans, la ſociété n'en contracte pas moins l'obligation de veiller à cette même éducation.

Quand la mort enlève un des époux, la nature, d'accord avec la ſociété, charge l'autre des ſoins qu'ils ne peuvent plus ſe partager.

Mais, quand une ſéparation étoit prononcée, à laquelle des parties confioit-on les enfans? Les pères les récla-moient ſouvent pour augmenter le ſupplice des épouſes que leurs mauvais traitemens avoient chaſſées de leur ménage ; ſouvent auſſi ils les obtenoient ſans que les mères euſſent mérité d'en être privées.

Quelquefois des femmes plus heureuſes ſe trouvoient chargées de ce fardeau précieux ; mais n'exiſtoit-il pas des cas où il étoit au deſſus de leurs forces?

La volonté des juges faiſoit toujours la loi dans ces circonſtances que le Légiſlateur n'avoit pu prévoir, puiſ-qu'une déciſion légale n'auroit pu être que la ſuite d'une loi ſur les ſéparations, loi que nous avons démontrée n'avoir jamais exiſté.

En propoſant le rétabliſſement du Divorce, au-lieu de ces ſéparations auſſi illégales qu'immorales & impoli-tiques, j'ai donné le moyen de garantir l'éducation des enfans & des mauvais principes & des exemples encore plus dangereux.

Il existe ce Tribunal qui doit, au nom de la société, veiller à la tranquillité des familles, à la pureté de l'éducation; qu'on pose des principes sages, & qu'on lui laisse le soin des exceptions.

La première éducation des enfans, celle qui a principalement pour but leur conservation, appartient, par la nature, incontestablement aux femmes : filles & garçons ont également besoin des soins d'une tendre mère, depuis l'instant de leur naissance, jusqu'à l'âge d'environ sept ans; & un père, quel qu'il soit, peut rarement suppléer à ces attentions nécessaires. Or, si la loi, qui doit toujours être d'accord avec la nature, adopte ce principe, il faudra des motifs bien graves sans doute, pour que le Tribunal de famille croie devoir la contrarier.

Depuis cet âge jusqu'à l'établissement des enfans, il semble, si l'on considère les soins qu'exige l'éducation des filles, qu'elle appartient à la mère, & que celle des garçons doit être réservée au père. Les premières ont besoin de certe surveillance continuelle qui les forme aux travaux de leur sexe, & qui écarte ces occasions, aussi séduisantes que dangereuses, qui naissent à chaque instant sous les pas de celles dont les graces & les besoins commencent à se développer.

Les seconds sont destinés à des états dont les mères ne peuvent les instruire : car c'est un métier à exercer, ou un emploi à remplir; & les femmes ne peuvent être dans ce cas que d'une très-médiocre utilité.

Il me paroît donc raisonnable que la loi laisse encore, après l'âge de sept ans, les filles à leur mère, & qu'elle fasse remettre les garçons entre les mains des pères.

Mais si la loi me paroît devoir être telle, je ne dis pas qu'il ne puisse y avoir des exceptions dont le tribunal de famille doive connoître.

Les parens sans doute sont intéressés à ne pas laisser

entre les mains d'une mère dont les mœurs ne font pas pures, ou dont la manière extérieure de fe conduire peut les faire fufpecter, des filles dont la réputation fouffriroit dans l'une ou l'autre de ces fuppofitions : dans la première, les mœurs de la mère feroient d'un mauvais exemple, et elles feroient foupçonner celles de la fille ; dans la feconde, les mœurs de la fille ne feroient pas plus ménagées que celles d'une mère, honnête fans doute, mais dont la conduite extérieure, légère & inconféquente, peut faire fuppofer qu'elle n'eft pas fans reproche.

Comment une famille laiffera-t-elle tranquillement à un père, dont la conduite eft abfolument mauvaife, la tutelle & l'éducation de fes fils, dont le moral eft fi facile à fe laiffer corrompre par un mauvais exemple, au moment où le phyfique fe forme chez les hommes ?

Les exceptions font nombreufes ; elles doivent l'être néceffairement dans l'inftant où une Nation fe régénère & doit prendre des mœurs nouvelles ; mais les principes n'en font pas moins vrais, quoique les exceptions foient multipliées ; & il ne s'agit que de les déterminer d'une manière auffi précife que la matière peut le permettre, pour qu'il n'en réfulte aucun abus, fur-tout lorfque le tribunal, qui prononcera, fera compofé d'arbitres choifis en nombre égal dans les deux familles.

§. I I.

Quels font les biens qui appartiendront aux enfans, en cas de Divorce ?

Lors de la diffolution de la communauté par la mort naturelle, les enfans héritent des biens de celui de leur père & mère dont ils font privés, & ils le repréfentent en tout : ils font de plus affurés, par l'Edit des fecondes noces, que le furvivant, en fe remariant, ne peut avantager, au-delà de la part fixée par les lois, l'époux qu'il choifira.

Dans le cas de Divorce, je pencherois affez pour que

1°. la moitié des biens appartenans aux époux fût acquise de droit aux enfans, & que les pères & mères n'en conservassent la jouissance qu'autant qu'ils fourniroient à ces mêmes enfans la nourriture, l'entretien & un état.

2°. Que les enfans d'un second lit, dans le cas d'un *second* Divorce, n'eussent par conséquent droit que dans la moitié dont les pères & mères resteroient propriétaires, & partageassent, en cas de mort, par portion égale, avec les enfans du premier lit, la moitié de cette moitié, & l'augmentation de fortune qui seroit survenue depuis.

3°. Enfin que dans le cas d'un troisième mariage, en supposant un *troisième* Divorce, la même règle fût suivie dans la même proportion.

On me répondra peut-être qu'une pareille loi seroit contraire à la nature de notre constitution qui, en supprimant la noblesse, a rappelé les enfans des gentils-hommes à un partage égal, & qui probablement fixera pour les autres Citoyens la même égalité en faveur des garçons & des filles, des aînés & des cadets, dans les pays où la coutume, telle que celle de Normandie, admet un partage inégal entr'eux.

Mais je répondrai à cette objection, que cela ne peut empêcher que les enfans d'un premier lit ne soient plus riches que ceux d'un second lit, si leur mère étoit plus fortunée, & si, même en supposant l'égalité de fortune entre les mères, l'époux avoit été plus heureux pendant sa première communauté que pendant la seconde.

J'observerai ensuite que la loi une fois établie, elle ne pourra être regardée comme injuste, puisque, si la femme ou le mari divorcié épouse un parti plus fortuné que le premier, cette égalité est d'autant mieux rétablie, & qu'il est impossible, avec toute autre loi, d'empêcher que leurs enfans du second lit ne soient moins riches que ceux du premier, s'ils se décident à un mariage moins avantageux.

Je dirai enfin que les enfans d'un second lit ne peuvent

naître, soit que leurs père & mère soient veufs, soit qu'ils ne le soient pas, qu'avec les droits que la loi leur accorde, & que de la même manière que les cadets de Normandie étoient souvent, par leur industrie, plus riches que leurs aînés, il résultera de cette loi, que des pères & mères remariés feront d'autant plus disposés à un travail & à une économie qui ramèneront plus d'égalité entre tous leurs enfans.

Au surplus, quel que soit le poids de ces réflexions, je suis loin de croire qu'il y eût une injustice à un partage plus égal; mais je pense aussi qu'il ne doit pas l'être tellement, que les enfans d'un premier lit soient obligés de rapporter tous les avantages d'une communauté heureuse, au partage de laquelle ils étoient appelés, pour la confier à de nouveaux hasards que pourroient faire courir, pour leur fortune, des étrangers qui s'uniroient au sort de leurs parens divorciés.

§. I I I.

A qui sera confié le soin de leur fortune?

Le survivant est de droit le tuteur naturel de ses enfans, & le dépositaire de ses biens : il est même rare, dans les pays où la tutelle est dative, que le vœu de la famille contrarie celui de la nature.

Dans le cas du Divorce, cette destination n'est pas marquée d'une manière aussi distincte : la raison semble nous dire que le partage de l'administration des biens doit suivre celui des enfans.

Une foule de considérations semble cependant s'y opposer. Comment confier tout le bien d'une fille à une mère dont le second mari peut n'être pas économe? Comment confier tout-le bien des garçons à un père dont la fortune peut être dérangée par l'inconduite de celle qu'il épousera?

Je répondrai que, dans tous les cas, le surplus de la fortune de l'un & de l'autre répond de cette administration, comme elle répondroit du dépôt fait par un étranger.

Je dirai plus, c'eſt que les biens de ceux que le cœur appelle à partager le lit d'une perſonne divorciée doivent également en répondre.

J'admettrai, que, dans le cas où la fortune d'un des conjoints diviſés ne pourroit répondre de la maſſe de la fortune des enfans dont il reſteroit chargé, l'autre peut être chargé de la conſervation des biens, en donnant une caution & pour ces mêmes biens & pour la penſion qui doit ſervir à la nourriture & à l'éducation des enfans.

Enfin, je conviendrai qu'il eſt des cas où un Adminiſtrateur étranger, nommé par la famille, peut être chargé de la conſervation des mêmes biens, pourvu qu'il ne prive aucun des époux de la jouiſſance à laquelle ils ont droit ; car, de ce que la Loi accorde, ou plutôt aſſure telle portion de biens aux enfans, & la leur ſubſtitue, ſi je puis me ſervir de ce terme, je ne prétends pas en tirer la conſéquence, que la jouiſſance de cette portion doive, dès ce moment même, leur être enlevée toutes les fois qu'ils rempliront les charges auxquelles la nature de leur premier engagement l'a ſoumiſe, de concert avec la Loi.

ARTICLE II.

De l'état des Conjoints ſéparés par le Divorce.

Ce que nous avons dit relativement aux enfans, dans l'article précédent, évite la néceſſité d'entrer dans un plus grand détail. Je n'entends pas faire la loi, mais propoſer des réflexions propres à y conduire.

Les liens des époux ſont rompus par le Divorce, de trois manières.

Si le conſentement mutuel a été le ſeul motif apparent du Divorce, la femme perd ſon douaire (1), puiſque

____

(1) Ne paroîtroit-il pas plus juſte qu'elle le conſervât ; elle n'eſt pas veuve, mais le conſentement du mari a produit le

le cas n'exifte pas ; les autres points font réglés par le contrat de mariage : &, comme nous l'avons dit, page 70, la Loi doit empêcher la confufion des biens des deux familles : c'eft le feul intérêt qu'ait la fociété à cette efpèce de Divorce.

Alors le fort des enfans, fixé par la règle générale ou par les conventions particulières, quant à la tutelle, l'eft par la Loi, quant aux biens, fur la portion de ceux revenant à chacune des parties.

Si le confentement n'a pas été refpectif, celui des conjoints contre lequel on n'a objecté aucune caufe valable pour demander le Divorce, reprend fes biens, obtient tous les avantages que fon contrat ou la Loi lui affuroit, en fuppofant la mort de l'autre époux, & a droit encore à des dommages - intérêts. Cela ne change rien au fort des enfans ; ils profitent au contraire de la totalité des avantages faits à l'une des parties, car les capitaux de ces avantages leur feront affurés en entier.

Enfin, dans le cas où une accufation auroit précédé la demande en Divorce, les peines pécuniaires feront déterminées par la Loi, & cela ne peut encore rien changer au fort des enfans qui doivent profiter en entier de l'affurance des propriétés dont eft dépouillée l'une des parties, foit comme coupable du crime dont elle eft accufée, foit comme coupable de celui de calomnie envers celle qu'elle accufe.

Si l'un des époux divorciés eft abfolument fans fortune, ou n'en a pas une affez confidérable pour pouvoir vivre, il doit être pourvu à fa fubfiftance par une penfion proportionnée à fon état & à la fortune dont il devoit jouir, penfion qui ceffera lorfqu'il paffera à de fecondes noces, de la même manière qu'une femme ou un mari perdent,

---

même effet, fes charmes fe font fanés, fa fanté s'eft altérée, les mauvais traitemens fouvent fecrets, la forcent au divorce ; que de motifs en fa faveur ?

d'après notre Jurisprudence, le droit d'habitation qui leur avoit été assuré, lorsqu'ils passent à une autre union.

Si l'un de ces époux se remarie, il ne pourra faire aucun avantage à celui ou celle qui s'unira à son sort, pas même celle de la part d'enfant permise par l'édit des secondes noces : ce sera la seule différence qui existera entre les personnes séparées ou veuves.

Croit-on, d'après de pareilles lois, que le Divorce soit commun ? Croit-on qu'il le soit autant que le sont nos séparations ? Des choix mieux assortis, plus de complaisance entre des époux qui se seront donnés eux-mêmes, & qui perdroient toujours à une dissolution qui les empêcheroit de disposer d'une partie de leur fortune ; plus de mœurs, parce que ce seroit le moyen de n'être pas privé du bonheur de vivre avec ses enfans, & de les élever. Telles seroient les suites de *cette institution sage* (1) : qu'on les compare avec celles des séparations, & qu'on prononce.

---

(1) M. le Chapelier, rapporteur du comité de constitution, se servit de ces expressions, le 17 août dernier, lorsqu'il parla des réclamations des protestans d'Alsace. Des cris l'interrompirent à trois reprises, & trois fois il répéta, *le Divorce, cette institution sage*. La raison prévalut, & la possibilité d'en user fut rendue à ceux qui la réclamoient. Seroit-il possible que l'Assemblée Nationale, qui a éteint tous les priviléges, en eût créé un pour un petit nombre d'Alsaciens ? Si la loi est juste, elle doit être générale ; si elle ne l'eût été, l'eût-on portée pour quelques citoyens ? Oui, le *Divorce* est une *institution sage ;* son rétablissement conserve les mœurs des peuples qui ont le bonheur d'en avoir encore, & il les rendra à une nation qui a besoin de les recouvrer. Cinq cents ans & plus s'écoulèrent entre l'époque de la loi qui permit le Divorce, & le premier exemple qu'un Romain en donna : il est proscrit en France ; vingt mille séparations judiciaires, une plus grande quantité de séparations volontaires, une masse immense de ménages désunis sans être séparés ; tels sont les fruits de cette proscription ; aucun des pays où le divorce est permis ne peut nous présenter un si funeste résultat.

SECONDE PARTIE.
INTRODUCTION.

La Religion catholique n'est nullement opposée aux lois relatives au Divorce.

ON ne compose point avec la foi, elle est une ; ce fut celle des Apôtres, ce fut celle des pères, ce fut celle des Conciles œcuméniques, que, depuis l'établissement de la religion, ont dû nous transmettre & que nous ont transmis nos Pasteurs.

Elle fut celle de tous les tems depuis l'Evangile ; elle est celle de tous les lieux de la terre habitée.

Ce qui ne fut pas de foi pendant douze siècles, n'a pu devenir un point de foi depuis ce tems ; ce qui ne fut pas un crime, ce qui n'en est pas encore un dans tout l'Orient, ne peut en être devenu un dans l'Occident : & certes ce qu'aucun Concile général n'a depuis dix-huit siècles déclaré être de foi, ne peut encore être de foi.

Je ne dirai point que l'Eglise latine erre quand « elle » a enseigné, & qu'elle enseigne, selon la doctrine évan- » gélique & apostolique, qu'à cause de l'adultère de l'un » des époux, le lien du mariage ne peut pas être dissous, & » que l'un & l'autre, même l'époux non coupable, qui n'a » point donné cause à l'adultère, ne peuvent, l'autre » époux vivant, contracter un autre mariage. »

Telle est la déclaration d'un usage que cette Eglise a admis, comme point de discipline, depuis près de 500 ans.

Mais de ce que je ne dirai pas qu'elle erre quand elle l'enseigne maintenant, il ne s'ensuivra pas que je sois forcé de dire qu'elle erroit quand sa discipline a été moins sévère pendant douze siècles, elle qui n'a jamais pu errer.

Cette déclaration de l'usage actuel de l'Eglise latine, ne pourra pas me faire croire que les Eglises Grecques, Syriaques & autres errent, lorsqu'elles ont, depuis leur institution par les Apôtres, depuis près de dix-huit siècles, une opinion & une pratique contraires à celles qu'a maintenant l'Eglise latine.

Je ne puis croire non plus que le Concile de Florence ait erré, lorsqu'en présence des Prélats des différentes communions, il n'attaqua pas l'usage immémorial des Grecs sur le divorce.

Je ne puis croire que le Concile de Trente ait entendu condamner, & le silence de ce Concile, & l'usage constant des Grecs, des Russes, des Arméniens, des Syriens & des Chaldéens catholiques, unis de communion avec l'Eglise Romaine.

Je ne puis croire que le Concile de Trente ait prononcé contre l'opinion & la pratique de toutes les Eglises orientales catholiques, sans les avoir entendues, quoique le Concile de Florence & tous les Conciles généraux où les Evêques Grecs ont assisté, n'aient condamné ni l'une ni l'autre.

Enfin je ne puis croire toutes ces choses, parce que si le Concile de Trente eût voulu que tout Catholique les crût, il eût prononcé en cette forme. « Si quelqu'un dit » que le lien du mariage peut être rompu pour cause » d'adultère, qu'il soit anathême. »

Cette formule avoit été proposée, & elle fut rejetée dans la peur de scandaliser & d'éloigner les Orientaux, lorsqu'on ne vouloit que condamner les erreurs des Protestans. Si ce que le Concile décidoit, eût été de foi, eût-il eu ce ménagement ? jamais un Concile œcuménique ne dut s'en permettre & ne s'en permit sur des articles de foi.

Effectivement telle fut la marche du Concile de Trente, même lorsqu'il décida des points de foi, tels que celui compris dans le Canon premier en ces termes : « Si » quelqu'un dit que le mariage n'est pas vraiment & » proprement un des sept sacremens de la loi Evangé- » lique, & institué par notre Seigneur Jésus-Christ, mais » qu'il a été inventé dans l'Eglise par les hommes, &

» qu'il ne confère pas la grace (du facrement), qu'il foit
» anathême. »

Dit-il dans ce cas anathême à ceux qui difent que l'E-
glife erre quand elle enfeigne que le mariage eft un facrement ? Non. Il décidoit un point de foi.

Le Concile en ufe de la même manière en prononçant
fur une matière qui n'a jamais été regardée comme de
foi par les plus fameux & les plus pieux Jurifconfultes de
France, en difant : « Si quelqu'un dit que l'Eglife n'a
» pas pu établir des empêchemens dirimans le mariage,
» ou qu'elle a erré en les établiffant, qu'il foit anathême.
» *Can. 4. Seff. 24* ».

Il ne dit pas non plus anathême à celui qui dit que
l'Eglife erre quand elle enfeigne qu'elle a pu établir des
empêchemens dirimans.

Et ce point cependant eft contefté par nos plus célèbres
auteurs en droit, qui fe plaignent avec raifon de ce que
ce canon, qui concentre dans la Juridifction eccléfiaftique le
droit d'appofer des empêchemens dirimans le mariage,
entreprend de la manière la plus formelle fur la puiffance
féculière, & que l'objet, fur lequel il tombe, ne peut jamais être une matière de foi (1).

D'après ces exemples, foit en matière de foi, foit en
matière de difcipline, même de celle non reçue en France,
je crois donc fermement que tout Catholique ne doit
voir dans les expreffions dont fe font fervis les pères du
Concile de Trente que ce qu'ils ont voulu dire en s'ex-
primant en ces termes.

» Si quelqu'un dit que l'Eglife fe trompe lorfqu'elle a
» enfeigné & qu'elle enfeigne, felon la doctrine évangé-
» lique & apoftolique, qu'à caufe de l'adultère de l'un
» des époux, le lien du mariage ne peut pas être diffous,
» & que l'un & l'autre, même l'époux non coupable qui

---

(1) Voyez le *Traité fur le Mariage*, ou *Examen de deux
queftions importantes fur le Mariage*, in-4°. 1753, pag. 455.

» n'a point donné caufe à l'adultère, ne peuvent, l'autre
» époux vivant, contracter un autre mariage, & que celui-
» là qui, ayant renvoyé fa femme adultère, en époufe une
» autre, & que celle qui, ayant renvoyé le mari adul-
» tère, en époufe un autre, font adultères, qu'il foit
» anathême. *Can. 7. Seff. 24.* »

Non, l'Eglife n'erre pas, quand, par une difcipline
épurée, elle veut nous conduire à la plus grande perfection; lorfqu'elle enfeigne que la vie du chrétien doit être
une mortification continuelle, une abnégation abfolue,
s'il eft queftion des intérêts les plus chers à fon cœur;
lorfqu'elle annonce que de pareils facrifices font agréables à Dieu; que la charité & le pardon des injures font
les premières & les principales vertus; que l'adultère
étant la plus grande des injures, le pardon qu'en accorde
l'époux plaît d'autant plus à Dieu, le père, l'auteur de
toute miféricorde; enfin que l'efpoir de recueillir une femme
adultère, lors de fon repentir, doit exciter tout chrétien
à vaincre fon reffentiment & fa jufte répugnance, & le porter à ne pas faire prononcer la diffolution de fon mariage
pour caufe d'adultère, parce qu'il eft contre la charité, en la
répudiant pour ce motif, de la diffamer tellement qu'elle
ne retrouve pas un mari, & qu'elle foit forcée de s'abandonner à la diffolution. J'admire cette difcipline, j'y
trouve un excès de charité qui peut être un confeil divin,
mais qui, graces au ciel, pour les ames foibles, ne fut jamais
un précepte de rigueur.

Il n'eft au furplus pas queftion ici de cette efpèce de
perfection pour laquelle il faut (on l'avouera) des graces furnaturelles & telles que, pour les accorder à quelques
individus, le ciel fît des miracles.

Il me fuffit, pour prouver que j'ai pu me livrer à cette
difcuffion, d'avoir démontré, par les paroles mêmes qu'ont
employées les pères du Concile de Trente, qu'ils n'ont jamais prétendu décider un point de foi; qu'ils ont feulement défendu leur ufage, leur difcipline, & qu'avec la

réfignation que tout Catholique doit avoir dans le jugement futur d'un Concile œcuménique fur cette matière,
tout fidèle peut me fuivre dans la difcuffion que j'entre-
prends, & dire, jufqu'à la décifion de ce Concile, avec St.
Auguftin: « Cette queftion, d'après les livres faints eux-mê-
» mes, eft fi obfcure, que quelque parti que l'on prenne,
» l'erreur, à mon avis, ne peut être qu'un péché véniel (1).

Pour ramener la queftion au point où les antagoniftes
du divorce la veulent réduire, je n'entretai point dans
l'examen des caufes, qui d'après les communions orientales,
donnent lieu à la prononciation du divorce. J'ai déja re-
marqué que le mot *adultère* en françois réduifoit le mot
latin, *fornicatio*, qui fe trouve dans la vulgate, à une feule
efpèce de fornication , & que le mot latin *fornicatio*
ne rendoit nullement le mot grec πορνεία, qui fe trouve
dans St. Mathieu & qui fignifie *une faute grave contre le
mariage*. Je conviens avec M. de Raftignac que les
Grecs accordent le divorce dans le cas de πορνεία, parce
qu'ils joignent à celle de l'Evangile les lois de Conftantin &
de fes fucceffeurs qui n'y font pas contraires ; mais je nierai,
s'il veut bien me le permettre, que cette Eglife ne l'ait
autorifé que depuis le onzième fiècle. Le filence de ces
écrivains jufqu'à ce tems me démontre au contraire
qu'elle ne défendit cet ufage que lorfque quelques Théologiens l'attaquèrent (2).

En me refferrant donc dans le fens de l'adultère,
quoique je le croie trop reftreint, je dirai: Voilà donc un
fait quelconque , qui, d'après Jéfus-Chrift, dans Saint-
Mathieu, donne lieu au divorce ; or fi je prouve, 1°. par
l'Evangile même que ce divin Légiflateur ne fit que ref-
treindre l'ufage du divorce , 2°. par les épîtres des Apôtres, qu'ils ne le condamnèrent pas dans le fens où il avoit
été permis par l'Evangile , 3°. que depuis le tems des

____

(1) *Traité de la foi & des mœurs* , chap. 19.

(2) J'ai pour garant de cette opinion les faits qui juftifient que,
jufqu'à cette époque, l'Eglife d'Occident permit ainfi que celle
d'Orient l'ufage du Divorce. *Voyez* feconde partie , chap. III.

Apôtres jufqu'à nos jours il n'a été porté aucune loi civile pour révoquer le divorce, & que la difcipline eccléfiaftique qui l'a profcrit abfolument, n'a eu d'autre bafe que le defir que les Papes avoient d'augmenter leur puiffance, ni d'autre autorité que celle de leurs entreprifes fur la puiffance féculière, je penfe qu'ayant déja démontré que le Concile de Trente n'a pas jugé la queftion comme un article de foi, il en réfultera que tout catholique pourra être convaincu avec moi que la religion oppofée à tous les abus l'eft à ceux du divorce, mais ne l'eft nullement à l'ufage de ce remède malheureufement néceffaire.

CHAPITRE PREMIER.

L'Évangile n'eft pas contraire au Divorce.

Une morale, auffi pure qu'elle eft divine, forme le fond de notre Religion. La pratique de toutes les vertus qui éloignent le Divorce nous eft recommandée par le divin Légiflateur ; mais il n'a pas cru devoir ôter un remède néceffaire ; il a même expliqué les cas où il devoit être mis en ufage. Nous avons pour garant de cette opinion ce livre faint qui doit nous fervir de règle. Examinons-le avec ce refpect religieux que lui doit tout chrétien ; il renferme des faits, des préceptes, des confeils : fuivons les préceptes à la lettre, tel eft notre devoir, et tâchons de profiter des confeils, fans y attacher une roideur qui éloigneroit de nous ceux qui, pouvant obferver les premiers, ne font pas affez parfaits pour pratiquer les feconds. Les faits nous feront d'une grande utilité pour entendre, avec plus de fruit, l'explication de ce qu'il nous prefcrit & de ce à quoi il nous invite.

Un premier fait nous prouvera que le Divorce a eu lieu chez les Juifs jufqu'à la naiffance de Jéfus-Chrift.

Les Evangéliftes nous rapportent enfuite, & la défenfe d'ufer du Divorce fans caufe, & la permiffion d'en ufer dans les cas que le divin Légiflateur a diftingués.

Enfin un dernier fait ajoute à ces preuves.

§. I.

Fait qui prouve que le Divorce a eu lieu chez les Juifs avant la naiſſance de Jéſus-Chriſt.

La loi de Moïſe permettoit le Divorce en ces termes :
« Si un homme a pris une femme , qu'il ait conſommé
» le mariage, & qu'elle n'ait pas trouvé grace devant
» ſes yeux , à cauſe de quelque défaut grave », ou, pour
ne pas mériter la cenſure rigide de M. de Raſtignac,
parce qu'il a trouvé une nudité de choſes, ou *une choſe
de nudité*, ſuivant l'Hébreu ; ou encore, ce que je pré-
férerai, juſqu'à ce que ce ſavant nous ait expliqué ce que
c'eſt en bon françois qu'une *nudité de choſes* ou *une choſe de
nudité* ; à cauſe d'une *choſe honteuſe , d'un négoce ou commerce,
honteux, d'un fait honteux,* ſuivant le grec, ou à cauſe de quelque choſe de fétide *aliquid fœditatis propter aliquam fœditatem ,* ſuivant la Poliglotte de Walton, qui s'accorde avec la
Vulgate & la verſion des Juifs d'Eſpagne (*fétidité* (1) , qui
s'entend encore plus au moral qu'au phyſique) ; ou *à cauſe,*
ſuivant la verſion des Juifs de Mauritanie , *de quelque choſe
que ce puiſſe être de honteux* (fétide) *ou malhonnête* (contre
la décence) ; *rem quampiam fœdam ſeu inhoneſtam ,* ou
enfin, comme l'interprète lui-même M. de Raſtignac, *à
cauſe d'un vice occulte et honteux,* ſens qui ſe rapproche
beaucoup de celui des Rabbins, qui l'expliquent par *un
vice moral contre la chaſteté,* et adopté par Tertullien,

---

(1) Quand je me ſers du mot de *fétide* ou *fétidité* , j'emploie le mot qui ſignifie une odeur déſagréable au phyſique
& au moral. Il me paroît qu'il rend mieux que tout autre
terme françois le mot *fœditas,* pris ici généralement, comme
il l'eſt , dans un ſens plus reſſerré, au Lévitique , chap. 18,
℣. 19. *Vous ne vous approcherez point d'une femme qui ſouffre
ce qui lui arrive chaque mois , & vous ne révélerez point ſon in-
commodité,* nec revelabis *fœditatem* ejus.

qui dit *quelque chose de contraire à la chasteté : negotium impudicum*). « Il écrira un acte de répudiation, lui » donnera dans la main, & la renverra de sa maison. »

On voit que je laisse à notre principal adversaire (1) la liberté du choix, pourvu qu'il me passe une des versions qu'il préfère.

Mais qu'il me permette, en revanche, de ne pas douter avec lui, si l'adultère étoit compris dans les choses honteuses assignées par le Deutéronome pour cause de répudiation, sous le prétexte que l'adultère étoit puni de mort

---

(1) Je demande pardon à M. de Rastignac, si je me permets de le nommer. 1°. C'est le seul Auteur qui ait paru étudier la matière à fond. Nous ne sommes pas de même opinion : mais qu'il se trompe, comme je le crois, que j'erre comme il le craint, je ne lui aurai pas moins d'obligation d'avoir fait un Traité méthodique qui m'a évité une infinité de recherches; & nous attendrons l'un & l'autre tranquillement, que le désir du bien public ait fixé l'opinion politique des Législateurs, & que mon sentiment ait été condamné ou approuvé par l'Eglise. Comme Citoyen, je desire. avoir indiqué à l'Assemblée Nationale un moyen qui remplisse mon but, celui de travailler au bonheur temporel de mes compatriotes ; comme Catholique, je respecte la foi, mais je ne crois pas la discipline irréformable.

2°. M. de Rastignac a traité ses adversaires avec l'honnêteté d'un galant homme & la modération d'un vrai Chrétien : il a donné des raisonnemens qui ne m'ont pas convaincu; mais, s'il a, suivant moi, donné des probabilités pour des preuves, des conseils pour des préceptes, il n'a pas au moins donné des injures pour des raisons.

Dans le très-petit nombre de pages que M. l'Abbé de Barruel a fait imprimer, il n'a pas suivi cet exemple ; il a cru que l'Auteur du livre intitulé : *du Divorce*, ayant gardé l'anonyme, il acquerroit beaucoup de réputation à l'injurier à chaque page & à lui supposer tous les vices. Ceux qui connoissent l'Auteur estimable du Divorce (M. Hennet), rient de la méprise de M. l'Abbé, qui a l'air de vouloir faire croire que qui soutient une pareille opinion, n'a ni mœurs ni vertus, ce qui pourroit porter à penser, comme sans doute cet anti-divorciaire le desire, que qui la combat, les a toutes.

Chez

chez les Juifs, lorſque moi, chrétien, j'ai pour guide de mon opinion l'exemple que je vais citer.

Evangile St. Mathieu, chap. I.

℣. 18. « Or, la naiſſance de Jéſus-Chriſt arriva de cette » ſorte. Marie, ſa mère, ayant épouſé Joſeph, ſe trouva en- » ceinte par l'opération du St. Eſprit, avant qu'ils euſſent été » enſemble ».

19. « Joſeph, qui étoit un homme juſte, & qui ne vouloit » pas la diffamer, réſolut de la renvoyer ſans eclat ».

20. « Mais lorſqu'il etoit dans cette penſée, un Ange du » Seigneur lui apparut pendant ſon ſommeil, & lui dit : Joſeph, » fils de David, ne craignez point de retenir Marie, votre » femme ; car ce qui eſt formé en elle vient du St. Eſprit ».

24. « Joſeph s'étant éveillé, fit ce que l'Ange du Seigneur » lui avoit ordonné, & retint ſa femme ».

Par cette narration, qui ne ſe trouve dans aucun autre Evangéliſte, pas plus que l'exception dont nous parlerons dans le §. II, je vois :

1°. Que ſi une femme ſe fût trouvée enceinte, ſans que ſon mari eût été le père, c'étoit un défaut, *aliqua fœditas,* tel qu'il le falloit pour donner le libelle du Divorce.

2°. Que tout Juif, qui, comme Joſeph, eût été un homme *juſte,* c'eſt-à-dire, vertueux & plein de charité, eût cru qu'il ne lui étoit pas permis d'avoir commerce avec une perſonne impure, telle que devoit le lui paroître ſa propre femme adultère.

3°. Que ce Juif *juſte* & par conſéquent vertueux & plein

L'Auteur attaqué a eu le bon eſprit de ne pas répondre aux invectives de M. de Barruel. Je livre mon ouvrage à ſon fiel, avec promeſſe d'imiter ce ſilence. Les injures que M. l'Abbé me fera l'honneur de me dire, ne perſuaderont, pas même à ceux qui les liront, qu'il ait raiſon, ſi mon livre prouve qu'elle eſt pour moi. Je ſuis entièrement convaincu de la vérité de ce que j'écris, & je le ſuis encore de ce que la faveur du Peuple, mettant M. de Barruel au nombre de nos Prélats, s'il peut remplacer Boſſuet, il ne pourra jamais imiter Fénélon ; j'ignore ſi le zèle ardent du premier a produit autant de converſions que la douceur & l'exemple du ſecond ont empêché de chûtes.

Obſervations ſur le Divorce.   G

de charité eût évité l'éclat, c'est-à-dire sans doute, qu'il n'eût pas divulgué le motif du renvoi qu'il étoit si facile de cacher, suivant l'ancienne loi, *propter aliquam fœditatem*, tant afin de ne lui pas faire perdre l'estime de ceux auxquels son crime ne faisoit aucun tort, que pour ne pas l'exposer à être lapidée, peine terrible que la loi des Juifs prononçoit contre l'adultère.

4°. Je vois que l'Ange envoyé par Dieu même pour faire changer Joseph de résolution, ne lui fait pas le moindre reproche de ce à quoi il s'étoit décidé, & de ce qu'auroit fait, dans le cas d'un véritable adultère, tout Juif qui craignant Dieu, eût dû craindre autant d'habiter avec une femme impure (1), que de toucher à des mets impurs suivant la loi.

Mais je vois aussi que pour arrêter Joseph il falloit un miracle, & que Dieu le fit.

Les miracles, comme on le sait, ont suspendu le cours de la nature; ils ont, à la voix de Moïse, divisé les eaux de la mer, à celle de Josué arrêté le soleil dans sa course, à celle de Jésus ressuscité les morts; mais on sait également qu'ils n'ont pas changé cette nature qu'ils maîtrisoient un instant, & qui, après chaque miracle, reprit sa marche ordinaire & réglée. Ils ont dispensé de l'exécution de la loi quelques particuliers; mais ils n'ont pas aboli la loi; une grace n'a pas ce pouvoir; il faudroit un miracle continuel pour changer les lois de la végétation, les sentimens naturels au cœur de l'homme; comme il faut une nouvelle loi pour révoquer les précédentes, sans

______

(1) Si les Juifs attachoient, à l'exécution de la Loi, une si grande importance, s'ils la suivoient si littéralement, s'ils divorcioient *propter aliquam fœdiatem*, s'ils s'éloignoient de leurs épouses chaque mois *propter fœditatem*, pourquoi voudroit-on forcer des Chrétiens à habiter, malgré des cas bien plus graves, avec des femmes qu'ils ne peuvent souffrir, lorsque l'Apôtre leur dit *de n'avoir point de commerce avec les impudiques*, &c. & qu'il déclare ne pas entendre parler des infidèles; car, pour n'avoir point de commerce avec eux, il faudroit, ajoute-t-il, sortir du monde.

a le miracle ou la grace n'eſt une autorité que pour celui en faveur duquel il eſt fait, que pour celui à qui elle eſt accordée : Joſeph en profita ; mais à mes yeux une diſtinction auſſi glorieuſe, quand elle eût été publique, n'eût que confirmé le précepte de la loi pour tous Juifs juſtes comme Joseph, vertueux, charitables et craignant Dieu comme lui.

Il eſt donc de fait que le Divorce permis par la loi de Moïse, exiſtoit encore lors de la naiſſance du Sauveur, & il paroîtra également de fait que la femme divorciée, pouvoit prendre un second mari, et son époux se marier à une autre, ſi l'on conſidère, 1°. que le Deutéronome ajoute : « Si étant ſortie et ayant épouſé un ſecond » mari, ce ſecond conçoit auſſi de l'averſion pour elle, » & qu'il la renvoie encore hors de ſa maiſon après lui » avoir donné un écrit de divorce, ou s'il vient même » à mourir, le premier mari ne pourra plus la reprendre » pour ſa femme, parce qu'elle a été ſouillée, & qu'*elle* » *eſt devenue abominable devant le Seigneur* (1) ; ne » permettez pas qu'un tel péché ſe commette ». 2°. Qu'il eſt dit dans le Lévitique, 21-7 : « Ils (les » Prêtres) n'épouſeront ni une femme déshonorée

____

(1) J'humilie ma raiſon, & en concevant parfaitement bien qu'il eſt ſage de ne pas permettre à des perſonnes divorciées de ſe réunir, je ne conçois pas comment une femme a pu *être ſouillée & devenir abominable devant le Seigneur*, parce qu'elle aura déplu à un, deux ou trois hommes pour quelques défauts corporels. Je bénis le ciel de ce que la nouvelle Loi, plus douce en faveur du ſexe, ne lui fait pas un crime d'un malheur ſemblable. L'Hébreu porte, *car ce ſeroit une abomination devant le Seigneur*, ſens qui me paroît plus juſte que celui que préſente la Vulgate, & que j'aurois préféré ſi je ne m'étois fait la loi de citer toujours la verſion dont nos adverſaires penſent tirer le plus d'avantage ; revenir à une femme qu'on a répudiée, *ſicut canis ad vomitum*, a pu être regardé comme une action abominable, ainſi que toutes les impuretés légales des Juifs étoient abominables aux yeux de Dieu ; traduire que la femme eſt devenue telle devant le Seigneur, eſt évidemment un contreſens.

» (*scortum*), ni une vile proſtituée (*vile proſtibulum*), ni
» celle qui a été répudiée par ſon mari , parce qu'ils
» ſont conſacrés à leur Dieu ».

D'où il faut conclure, ou que Dieu avoit fait deux lois
bien inutiles, ce qui n'eſt pas ſoutenable, ou que, n'ayant
défendu qu'aux Prêtres d'épouſer des femmes divorciées,
& au mari de reprendre celle qu'il avoit répudiée, il avoit
permis à ces femmes de ſe remarier, & à tout autre que
ceux ci-deſſus de les épouſer.

§. I I.

Jéſus-Chriſt ne fit que reſtreindre l'uſage du Divorce &
ne le proſcrivit point.

Ouvrons le texte de la loi divine de Jéſus-Chriſt , &
voyons ſi la loi du Divorce fut proſcrite par ce Légiſlateur, ou s'il reſtreignit ſeulement l'uſage d'une loi qui
n'étoit pas égale entre les époux, & dont les maris abu-
ſoient.

Saint Mathieu , chap. V.

℣. 27. « Vous ſavez qu'il a été dit aux anciens : vous ne
» commettrez point d'adultère.

28. » Et moi, je vous dis que quiconque regarde une femme
» avec un mauvais deſir pour elle, a déja commis l'adultère
» dans ſon cœur.

29. » Que ſi votre œil droit eſt pour vous une occaſion de
» péché , arrachez-le & jertez-le loin de vous ; car il vous eſt
» plus avantageux de perdre un de vos membres , que ſi votre
» corps étoit jetté tout entier dans l'enfer.

30. » Et ſi votre main droite eſt pour vous une occaſion de
» péché, coupez-la & jettez-la loin de vous; car il vous eſt
» plus avantageux de perdre un de vos membres , que ſi votre
» corps étoit jetté tout entier dans l'enfer.

31. » Il a été dit encore : quiconque voudra quitter ſa
» femme , qu'il lui donne un acte de Divorce.

32. » Et moi, je vous dis , que quiconque quitte ſa femme,
» *ſi ce n'eſt pour cauſe d'adultère* , la fait devenir adultère,
» & que quiconque épouſe celle que ſon mari a répudiée,
» commet un adultère.

33. » Vous ſavez encore qu'il a été dit aux anciens : vous
» ne jurerez point contre la vérité ; mais vous vous acquitterez
» envers le Seigneur des ſermens que vous aurez faits.

34. » Et moi je vous dis de ne point jurer du tout.

35. » Ni par le ciel, parce que c'eſt le trône de Dieu, ni » par la terre, parce que c'eſt ſon marche-pied, ni par Jéru- » ſalem, parce que c'eſt la ville du grand Roi.

36. » Ne jurez pas non plus par votre tête, parce que vous » ne pouvez en rendre un ſeul cheveu blanc ou noir.

37. » Mais, contentez-vous de dire, oui cela eſt, non » cela n'eſt pas, car ce qu'on dit de plus vient d'un mauvais » principe ».

Ce n'eſt point, comme on le voit, en détachant des verſets du livre ſacré, en les privant du ſens que leur donnent ceux qui précèdent ou qui ſuivent, que je prétends les tirer à l'opinion que je défends; c'eſt en cherchant ſcrupuleuſement ſi cette opinion eſt contraire ou conforme à la Loi. Dans le premier cas, je dois la ſacrifier; dans le ſecond, je dois la défendre.

La loi des Juifs défendoit de commettre l'adultère; la loi nouvelle défend le deſir de l'adultère, & le met de niveau avec le crime même.

La loi des Juifs ordonnoit à quiconque voudroit quitter ſa femme, de lui donner un acte de divorce, & la Loi nouvelle porte que *quiconque quitte ſa femme, ſi ce n'eſt pour cauſe d'adultère, la fait devenir adultère.*

Il n'eſt donc permis de la quitter que dans ce cas; mais il eſt permis de le faire dans ce cas.

Comment eſt-il poſſible de retrancher ces mots *pour cauſe d'adultère* ou de les entendre d'une ceſſation de co-habitation ſeulement, lorſqu'on réfléchit :

1°. A ce que la ceſſation de co-habitation peut donner lieu, conduire même à une fornication reſpective, qui, en ſuppoſant le mariage non rompu, eſt un double adultère, & que le même légiſlateur vient de dire, « *ſi votre* » *œil droit eſt pour vous une occaſion de péché, arra-* » *chez-le........ Si votre main droite eſt pour vous une* » *occaſion de péché, coupez-la?* »

Penſe-t-on par ces mots, *& ils ne ſeront tous deux qu'une ſeule chair, ainſi ils ne ſeront plus deux, mais*

G 3

une seule chair, que le même Evangélifte rapporte, chapitre 19, que Jéfus ait entendu dire, qu'une femme étoit plus une portion du corps de l'homme, *que cet œil* qu'il preſcrit *d'arracher, que ce bras* qu'il commande de *couper*, ſi ils ſont une occaſion de pêché ?

Prétendra-t-on auſſi que par ces mots *que l'homme donc ne ſépare pas ce que Dieu a joint, Ibid*, Jéfus ait voulu dire qu'un morceau adapté à un autre, *uni*, conglutiné avec lui, ſuivant l'expreſſion de Saint - Paul, fait plus partie de ce dernier qu'une portion même de l'individu que le ciel lui donna, avant que le haſard, l'intérêt ou tout autre vice l'ait attaché au premier, & ſi les verſets 29 & 30 ſont paraboliques & myſtérieux, pourquoi voudra-t-on que cette comparaiſon ne le ſoit pas ?

Si je me permets d'examiner les verſets qui ſuivent, ne verrai-je pas que Jéfus dit de ne pas jurer du tout, ni par le ciel, ni par la terre, ni par Jéruſalem, ni par ſa propre tête ? & croirai-je facilement que qui m'a ôté la liberté de renvoyer ma femme même pour cauſe d'adultère, quoique Dieu me l'ait permis textuellement dans ce cas, puiſſe par une interprétation bien différente de la première, me permettre, que dis-je, me forcer de jurer quoi que Dieu l'ait défendu formellement ?

Et comment, me demanderai-je, les ſectateurs de l'indiſſolubilité du lien, peuvent-ils rejetter l'opinion des Quakers, des Anabaptiſtes, ſi conformes à la lettre des divines écritures ? Et comment à cette défenſe préciſe a-t-on ſubſtitué tant de ſermens pour tous les ordres de l'égliſe, pour tous les ordres de l'état, ſans que l'égliſe s'en ſoit plainte, l'ait même trouvé mauvais, puiſque ſes miniſtres reçoivent ceux des Rois à leur couronnement ? Et comment à une permiſſion auſſi littérale que cette défenſe, quelques docteurs prétendent-ils qu'il faut ſubſtituer une défenſe abſolue ? car ce n'eſt pas quitter une femme adultère que de lui être toujours lié...... lié juſqu'à ſa mort.

Voyons donc, me dirai-je, ſi cette opinion eſt fondée ſur

une addition à cette nouvelle loi. Trois Evangélistes (1) me rapportent un même fait ; plaçons leurs textes sur trois colonnes, afin que le lecteur puisse plus facilement les comparer.

---

(1) De ces trois Evangélistes , St. Mathieu est le seul qui rapporte les deux décisions de Jésus-Christ relatives au Divorce : la première , contenue dans son Evangile , chap. 5. , étoit même rendue avant la vocation de Mathieu à l'Apostolat dont il rend compte , chap. 9 , v. 9.

St. Marc & St. Luc ne parlent que d'une de ces décisions, ils omettent tous deux l'exception ajoutée à la Loi ; St. Mathieu dit qu'avant son apostolat Jésus avoit ajouté à la défense de renvoyer sa femme, *si ce n'est pour cause d'adultère,* chap. 5 , v. 32 , & que depuis il a ajouté à la même défense, *hors le cas d'adultère,* chap. 19 , v. 9.

Le premier fait étoit donc bien constant, puisque St. Mathieu le rapporte sur la foi de ceux qui avoient accompagné Jésus avant lui.

Le second ne l'étoit pas moins , si on considère que de ces trois Evangélistes , St. Mathieu fut le seul que le choix de Jésus-Christ appela à l'apostolat , & que , comme Apôtre, il est vraisemblable qu'il fut présent au second fait qu'il rapporte. Aussi cet Evangéliste, qui suit scrupuleusement l'ordre chronologique des faits, parle presque toujours comme témoin oculaire.

St. Marc donne communément l'abrégé de St. Mathieu , il a donc pu omettre un fait qu'il ne croyoit pas essentiel à son plan.

St. Luc s'éloigne souvent de l'ordre de la narration des deux premiers ; il se borne à faire connoître les maximes qu'a prêchées Jésus-Christ ; mais suivant rarement la date des faits , il combine les maximes qui ont été proposées en des temps & en des circonstances fort différentes : on peut en juger par les v. 13, 16 & 17 , que je rapporte avant le v. 18 , le seul de cet Evangéliste où il soit question du Divorce.

La citation de ces versets paroîtra superflue à ceux qui n'observeront pas , 1°. que le v. 13 contient la grande vérité qu'on ne peut servir deux maîtres ; on retrouve cette maxime dans St. Mathieu, chap. 6 , v. 24. 2°. Que le v. 16 est conforme au v. 12 du chap. 11 de St. Mathieu. 3°. Que le v. 17 se retrouve dans St. Mathieu , chap. 5 , v. 18 ; & que ces trois faits sont par conséquent de dates différentes & toutes antérieures au fait que St. Mathieu rapporte , chap. 19 , avec les détails d'un témoin oculaire , d'un historien qui n'omet rien , & d'un chronologiste qui veut que l'époque des faits lui en rappèle les moindres circonstances.

G 4

S. MATHIEU, chap. 19.

℣. 3. Les Pharisiens vinrent aussi à lui pour le tenter, et lui dirent : *Est-il permis à un homme de renvoyer sa femme pour quelque cause que ce soit ?*

4. Il leur répondit : n'avez-vous pas lu que celui qui a créé l'homme, créa au commencement un homme et une femme, et qu'il dit :

5. C'est pour cela que *l'homme quittera son père et sa mère, et s'attachera à sa femme*, et ils ne seront tous deux qu'une seule chair.

6. Ainsi donc ils ne seront plus deux ; mais une seule chair. Que l'homme donc ne sépare pas ce que Dieu a joint.

7. Ils lui dirent : d'où vient donc que Moïse a réglé qu'on donnât à la femme un acte de Divorce et qu'on la renvoyât ?

8. Il leur répondit : c'est à cause de la dureté de vos cœurs que Moïse vous a permis de renvoyer vos femmes ; *mais cela n'a pas été ainsi dès le commencement.*

9. *Aussi je vous déclare que quiconque renvoie sa femme hors le cas d'adultère, et en épouse une autre, commet un adultère ; et que celui qui épouse une femme répudiée, commet un adultère.*

10. Ses Disciples lui dirent : *si la condition d'un homme est telle à l'égard de sa femme, il n'est pas avantageux de se marier.*

11. Il répondit : *tous ne comprennent pas cela, il n'y a que ceux qui en ont reçu le don.*

12. Car il y a des eunuques qui sont venus tels du ventre de leur mère ; il y en a qui ont été faits eunuques par les hommes, et il y en a qui se sont eux-mêmes faits eunuques pour le royaume du ciel ; qui peut comprendre cela le comprenne.

S. MARC, chap. 10.

℣. 2. Des Pharisiens y étant venus, lui demandèrent, pour le tenter : *Est-il permis à un homme de renvoyer sa femme ?*

3. Il leur répondit que vous a ordonné Moïse ?

4. Moïse, dirent-ils, a permis de renvoyer sa femme en lui donnant un acte de Divorce.

5. Jésus leur dit : c'est à cause de la dureté de votre cœur qu'il vous a fait cette ordonnance.

6. Mais, dès le commencement du monde, Dieu forma un homme et une femme.

7. *C'est pourquoi l'homme quittera son père et sa mère, et s'attachera à sa femme.*

8. Et ils ne seront tous deux qu'une seule chair ; ainsi, ils ne sont plus deux, mais une seule chair.

9. Que l'homme ne sépare pas ce que Dieu a joint.

10. Quand il fut dans la maison, ses Disciples l'interrogèrent encore sur le même sujet.

11. *Et il leur dit : quiconque renvoie sa femme et en épouse une autre, commet un adultère à l'égard de la première.*

12. Et si une femme quitte son mari et en épouse un autre, elle commet un adultère.

S. LUC, chap. 16.

℣. 13. Nul serviteur ne peut servir deux maîtres ; car, ou il haïra l'un et aimera l'autre, ou il s'attachera à l'un et méprisera l'autre. Vous ne pouvez servir Dieu et l'argent.

14. Les Pharisiens qui étoient avares, écoutoient tout cela et se moquoient de lui.

15. Et il leur dit : vous avez grand soin vous autres de paroître justes devant les hommes ; mais Dieu connoît vos cœurs, car ce qui est grand aux yeux des hommes est abominable aux yeux de Dieu.

16. La Loi et les Prophètes ont duré jusqu'à Jean ; depuis ce temps-là le royaume de Dieu est annoncé, et chacun emploie la force pour y entrer.

17. Au reste, le ciel et la terre périroient plutôt, qu'un seul petit trait de la Loi manquât d'être accompli.

18. *Quiconque renvoie sa femme et en épouse une autre, commet un adultère, et quiconque épouse celle que son mari a répudiée, commet un adultère.*

Que réfulte-t-il de plus de ces trois narrations ? rien en faveur du fyftême de ceux qui réprouvent le Divorce.

Saint - Marc dit : « quiconque renvoie fa femme, & » en époufe une autre, commet un adultère à l'égard de » la première. »

Saint-Luc dit auffi : « quiconque renvoie fa femme & » en époufe une autre commet un adultère. »

Mais Saint - Mathieu perfévère dans l'exception qu'il avoit précédemment rapportée, en difant, chapitre 5. v. 33 ; « & moi je vous dis, que quiconque quitte fa femme, » *fi ce n'efl pour caufe d'adultère, la fait devenir adultère.* «

Et il répète : « auffi je vous déclare que quiconque » renvoie fa femme, *hors le cas d'adultère,* & en époufe » une autre, commet un adultère. »

Voilà, fuivant moi, la difficulté réfolue ; & quoique M. de Raftignac faffe de très-grands reproches à l'auteur du Divorce, d'avoir dit que Saint-Marc & Saint-Luc ont pu omettre ce que Saint-Mathieu n'a pas ajouté, je ferai moi cet argument.

Il feroit mal fans doute, de dire que ce qui ne fe trouve pas dans Saint-Marc ni dans Saint-Luc a été omis par les écrivains dont les copies nous tiennent lieu des originaux.

Il feroit mal, par la même raifon, de dire que ce qui fe trouve dans Saint-Mathieu a été ajouté par quelques copiftes.

Delà il réfulte qu'il faut s'en tenir aux textes tels qu'on les poffède, & tels que l'églife les reconnoît pour au- thentiques.

Mais auffi il réfultera que Saint - Marc & Saint-Luc n'ont pas entendu (1) les mots de Jéfus-Chrift *exceptâ forni- cationis caufâ, nifi ob fornicationem,* que rapporte fcru- puleufement Saint-Mathieu dans deux chapitres différens.

____

(1) Nous en ayons dit la raifon dans la note précédente, pag. 103.

D'où il fuit que nous ne pouvons pas douter que Jéfus-Chrift ne les ait dits & répétés, quoique Saint-Marc & Saint-Luc les aient omis; car il ne feroit pas catholique, pas même chrétien de foutenir, d'après le filence de deux Evangéliftes, que Jéfus-Chrift n'a pas dit ce que Saint-Mathieu affure qu'il a dit à deux différentes fois.

D'après cette certitude, je dois, je puis au moins croire, jufqu'à ce que l'églife ait décidé le contraire, que Jéfus en expliquant ce précepte, comme le rapporte Saint-Mathieu, a permis d'ufer du Divorce dans le cas d'adultère, Πορνεία, faute grave contre la chafteté conjugale.

Et de quelque manière dont les adverfaires du Divorce s'y prennent, ils ne pourront empêcher les fidèles de lire les verfets qui précèdent & qui fuivent, & d'y trouver la réponfe aux plaifans argumens qu'ils fe permettent.

1°. Il n'eft pas queftion du Divorce proprement dit; mais d'une fimple ceffation d'habitation, difent quelqu'uns.

Je foutiens qu'on ne peut voir qu'un divorce réel, tel que les Juifs l'entendoient, & que Jéfus condamnoit pour tout autre cas que l'adultère, fornication ou faute grave contre le mariage.

Effectivement, on lit dans Saint-Mathieu, chapitre 5. ℣. 31. « Il a été dit encore que quiconque veut renvoyer fa femme lui donne un écrit par lequel il déclare qu'il la répudie. »

℣. 32. « Et moi je vous dis que quiconque aura renvoyé fa femme, *fi ce n'eft en cas d'adultère*, la fait devenir adultère. »

Et chapitre 19. ℣. 3. « Eft-il permis à un homme de renvoyer fa femme, *pour quelque caufe que ce foit?* »

Et ℣. 9. « Auffi je vous déclare que quiconque renvoie fa femme, *fi ce n'eft en cas de fornication & en époufe une autre*, commet un adultère. »

Saint-Marc, chapitre 10. ℣. 2, rapporte la même demande , il omet les mots , *pour quelque caufe que ce foit.*

Et verfet 11 , il rapporte la même réponfe , en omettant également l'exception *hors le cas d'adultère* , que les mots *pour quelque caufe que ce foit* expliquent parfaitement & néceffitèrent peut-être.

Quel étoit le Divorce fur lequel les Pharifiens interrogeoient notre Seigneur ? Sur celui qui , rompant les liens du mariage par la répudiation , laiffoit libres les parties d'en contraCter un fecond ; il n'a donc pu être queftion dans une réponfe relative à une pareille demande d'une fimple féparation d'habitation, & cependant fes difciples lui dirent : « fi la condition d'un homme eft telle à l'é- » gard de fa femme , il n'eft pas avantageux de fe ma- » rier ; Sainr-Mathieu , chapitre 19. v. 10.

Qu'euffent-ils donc dit , fi Jéfus fe fût expliqué de manière à les condamner, pour les fautes de leurs femmes , au pardon abfolu d'une telle injure , ou à une continence éternelle , à une continence qui ne pourroit avoir de fin qu'à la mort de leurs époufes adultères ?

Auffi n'étoit-ce pas cela que Jéfus entendoit, puifque la loi leur paroiffant dure , il répondit ; « tous ne com— » prennent pas cela , il n'y a que ceux qui en ont reçu » le don. »

Aucun anti-divorciaire n'ofera prétendre fans doute que par ces dernières paroles , le Seigneur ait entendu donner le don de continence à tous ceux dont les femmes feroient répudiées pour caufe d'adultère, don cependant abfolument néceffaire dans le fens où il n'eût pas été queftion d'un Divorce réel , mais d'une fimple féparation......

Le fentiment de ceux qui le diroient pour appuyer leur opinion favorite , feroit même condamné par le verfet fuivant , où Jéfus-Chrift dit , *& il y en a qui fe font faits eux-mêmes eunuques pour le Royaume des Cieux ; qui peut comprendre cela le comprenne* ; termes qui ont toujours été entendus dans l'Eglife catholique, de ceux qui fe voüoient à la continence, après avoir reçu de Dieu les graces néceffaires pour la garder, *quibus datum eft.*

· Concluons de cette courte differtation que le divorce n'a été défendū qu'excepté le cas d'adultère, fornication ou faute grave contre le mariage, & qu'il étoit queftion d'un divorce réel, diffolvant le mariage, & non d'une fimple féparation d'habitation qui laiffoit fubfifter le mariage.

2°. Les amateurs d'une indiffolubilité abfolue, dont ils ne fentent pas la pefanteur ou qui les forceroit à ménager leurs femmes, & peut-être à rendre une dot, répondent par les mots de St. Mathieu, verf. 8; *mais cela n'a pas été ainfi dès le commencement*; d'où ils voudroient inférer, que Jéfus voulant ramener à la loi primitive, il n'étoit pas queftion de la loi du divorce.

St. Marc, verf. 6, leve, fuivant moi, cette difficulté en expliquant ces mots par ceux-ci; *mais dès le commencement du monde Dieu forma un homme & une femme;* mots conformes à ceux de S. Mathieu, verf. 4, *celui qui a créé l'homme, créa au commencement un homme & une femme.*

Je dirai donc aux anti-divorciaires, *non, cela n'étoit pas ainfi dès le commencement,* parce que Dieu *créa au commencement un homme & une femme,* un feul homme & une feule femme, qu'il créa cette femme pour ce feul homme, & que leur ayant donné d'abord le paradis terreftre pour demeure, & la terre enfuite pour exil & pour domaine, Dieu n'avoit point créé de rivaux pour Adam, ni de rivales pour Eve, qu'il n'y avoit par conféquent pas eu lieu au cas fuppofé.

J'ajouterai que Dieu leur donna d'ailleurs ces mœurs naturelles qu'ils infpirèrent à leurs enfans, & qui s'affoiblirent après un certain efpace de tems : quelle fut la fin de ce tems heureux? l'époque où les propriétés s'établirent, où l'on put comparer ce qu'on defiroit avec ce que l'on poſſédoit, celle où les dots vinrent remplacer les qualités des épouſes, où l'intérêt tint la place de l'amour naturel, & par conſéquent honnête, où les vices prirent celle des vertus; mais cela n'a pas été ainſi dès le commencement : ,, au commencement Dieu créa un ,, homme & une femme. ,, Rompez donc les liens de la ſociété telle qu'elle exiſte, ſupprimez l'intérêt, qui malheureuſement n'y eſt que trop lié; & alors, où vous reſſemblerez aux ſauvages & vous aurez leurs vices, ou vous ſerez exempts des crimes qu'on ne connut pas au commencement.

3°. Mais Jéſus n'a-t-il pas dit, dans St. Marc, verſ. 7, *c'eſt pourquoi l'homme quittera ſon père & ſa mère, & il s'attachera à ſa femme?* ,, Delà il ſuit, pourſuivent nos adverſaires, qu'au moyen de la comparaiſon forte qui accompagne ces paroles, Jéſus a entendu parler d'un attachement que la mort ſeule peut rompre.

Rien de plus naturel, ſans doute, que le ſentiment qui nous lie à une femme, qui nous fait quitter notre père & notre mère, ſans abandonner cependant ceux auxquels nous devons tout, pour nous attacher plus particulièrement encore à la femme que nous avons choiſie, & qui s'eſt liée à notre ſort. La nature a gravé ce ſentiment dans le cœur de l'homme & de la femme, & c'eſt dans ſa conſtance qu'elle a mis l'idée du vrai bonheur.

St. Mathieu, verſ. 5, s'explique dans les mêmes termes, & ſubordonne cette idée à l'exception contenue dans le verſ. 9 du même chap., *hors le cas d'adultère.*

Oui d'après ces Evangéliſtes, homme, je m'attacherai à une femme, je quitterai pour elle tous les autres attachemens qui pourroient diminuer celui que je lui dois, femme, je ferai la même choſe pour mon mari; mais ſi ma femme, ſi mon mari ſe détachent de moi pour s'attacher à une autre, ce n'eſt ni mon Adam ni mon Eve, ce n'eſt ni l'homme ni la femme que le ciel avoit créés pour moi : il ſera grand, il ſera généreux de pardonner, il fera plus chrétien d'oublier l'injure; mais fi je ne fuis pas un de ceux auxquels le ciel a fait cette grace, plus je me ferai attaché à cette femme, à ce mari, conformément aux verf. 5 de S. Mathieu & 7 de St. Marc, plus je bénirai le ciel de ce que l'Efprit-faint a permis au premier de fe fouvenir plus précifément de ces mots dans un verf. fuivant, *hors le cas d'adultère*, & je dirai avec le Sage en profitant de cette exception : « celui qui chaffe » une bonne femme, chaffe le bien, celui qui conferve » une adultère eft un fot & un impie.

4°. Que répondre, pourfuit-on, à ces paroles ; *& ils ne feront tous deux qu'une feule chair*; *ainfi ils ne font plus deux, mais une feule chair ?* St. Marc, verf. 8 , que rapporte également St. Mathieu verf. 4 & 5.

Que répondre ? *hors le cas d'adultère*, comme le dit St. Mathieu ; car fans cela nous ferions obligés de croire, que tout ce qui s'attacheroit, fe conglutineroit, pour me fervir de l'expreffion de l'Apôtre, avec l'une des parties feroit une feule & même chair avec l'autre ; oui, fans cette interprétation, nous ferions forcés de croire qu'un homme qui fe fouille avec des Courtifannes, feroit tant avec elle qu'avec fon époufe, une feule & même chair, puifque St. Paul dit auffi ; épître aux Corinthiens, chapitre 6 , » ne favez - vous pas que celui qui fe joint » à une proftituée devient un même corps avec elle, » car ceux qui étoient deux ne feront plus qu'une chair, » dit l'écriture.

Et plus j'aurai de refpect pour St. Paul, plus je tiendrai à l'interprétation naturelle & littérale de St. Mathieu. St. Paul entendoit que deux époux ceffoient par le divorce d'être une feule & même chair, cela eft évident ; fans cela, pour parler d'une liaifon charnelle avec une proftituée, fe feroit-il appuyé fur cette même écriture ? fi on admettoit le paffage que cite cet Apôtre, dans le fens des anti-divorciaires, il paroîtroit que Jéfus, en parlant du mari & de la femme, n'entendoit pas parler d'une Courtifanne &

d'un débauché attachés pour un inftant, & entre lefquels
il exifte fi peu de liaifon , qu'au lieu de déclarer celle
qui fubfifte entre eux indiffoluble, l'églife les oblige de
fe quitter, de divorcier entièrement. C'eft ainfi que Jéfus ,
d'après St. Mathieu, *le permet* au mari, dont la femme s'eft
rendue coupable d'adultère, dont la femme s'eft conduite
comme une courtifanne, comme une débauchée; ce mari
peut renvoyer celle avec laquelle il ne peut plus faire une
feule & même chair ; puifque , comme l'explique St. Jean
Chryfoftome : » le mariage eft déja détruit, & après la for-
» nication le mari n'eft plus mari : » on peut donc conclure
avec raifon qu'il faut, ou condamner l'application que
s'eft permife St. Paul , ou rejetter le fens contraire à la loi
du divorce. Nos adverfaires permettrons que nous préférions
ce dernier parti.

5°. Mais Jéfus ajoute , dit-on encore, « que l'homme ne
fépare pas ce que Dieu a uni.»

On ne peut , on ne doit effectivement pas féparer ce
que Dieu a uni ; mais premièrement , ne doit-on pas
excepter les cas prévus & exceptés par Dieu même ? &
Jéfus-Chrift n'a-t-il pas prévu ce cas , en défendant à
un mari de renvoyer fa femme » *fi ce n'eft pour caufe
d'adultère.* Dieu même a donc placé l'exception, & elle
ne peut être oppofée à une loi qu'elle me paroît confirmer.

Secondement , croit-on que fi Dieu avoit réellement uni deux êtres , il n'eût pas fait d'eux un même
efprit, une même chair , de telle manière qu'aucun d'eux
ne defireroit, ne voudroit être féparé , ne fe permettroit
rien de ce qui peut fervir de caufe au divorce ? telle fut
Eve unie à Adam ; telles furent toutes les femmes unies
à des hommes pour lefquels elles avoient été créées ? telles
ne furent point celles que Dieu ne donna pas, mais qu'on
fe détermina à prendre par hazard , par intérêt , par le
motif d'un vice quelconque. L'Être fuprême, bien loin de
confirmer de femblables unions, fe plut à montrer combien il les défapprouvoit , en permettant que ces femmes
fe livraffent à tous les penchans qui pouvoient le plus mani-

fefter qu'il n'avôit pas béni leur mariage, & porter en même-
tems leur mari à les renvoyer, d'après l'avis du Sage, s'il n'é-
toit *un fot ou un impie.*

6°. Qu'on life encore ces mots : « *& fi une femme quitte*
» *fon mari , & en époufe un autre , elle commet un adul-*
» *tère.* St. Marc, verf. 12 , comment, dit-on, les expli-
querez-vous ?

Bien fimplement, en les lifant ainfi : « Et fi une femme
» quitte fon mari (hors le cas d'adultère) & en époufe
» un autre, elle eft adultère.

La réflexion me paroît jufte ; car Jéfus, en réformant
la loi des Juifs, qui étoit toute en faveur des maris, ne
fit pas comme les Romains, &c. des lois bonnes pour
les hommes feulement ; Saint-Mathieu d'ailleurs n'ayant
pas parlé de la femme, & Saint-Marc qui rapporte le
texte cité , n'ayant pas parlé, dans ce moment où il
parle du mari, de l'exception que n'a pas omife Saint-
Mathieu ; cette exception doit s'entendre de manière à
rendre la loi générale, fans cela ce feroit admettre une
diftinction trop gracieufe pour les maris, & totalement
contraire à l'égalité prêchée par l'Evangile, qui n'a pas
à cet égard diftingué les fexes.

7°. Mais vous conviendrez au moins, ajoute-t-on, que
la femme divorciée, renvoyée par fon mari, ne peut fe
marier ; car Saint - Mathieu porte, v. 9, « & que celui
» qui époufe une femme répudiée commet un adultère. »

Je ne puis encore convenir de cela ; car je ne puis
féparer cette phrafe du verfet entier qui porte la claufe
d'adultère, de manière qu'il eft vifible qu'il doit ainfi
s'entendre, « *& celui qui époufe une femme répudiée,*
» (excepté , fans doute, dans le cas d'adultère) *commet*
» (lui-même) *un adultère.* »

Il feroit totalement contre la morale évangélique,
qu'un inftant de foibleffe fît qu'une femme divorciée
pour cette caufe, ne pût retrouver de mari, ou que le
fentiment qui l'attacheroit à cette femme coupable, mais

encore

encore plus malheureuſe , rendit celui-ci coupable lui-
même.

Comment ſous la nouvelle loi, ſous cette loi de grace,
oſeroit-on ſoutenir une conduite auſſi oppoſée à celle du
divin légiſlateur ?

§. I I I.

Fait qui ajoute aux preuves ci-deſſus.

Examinons la conduite de Jéſus-Chriſt dans Saint-
Jean , chap. 8.

℣. 3. « Alors les Docteurs de la Loi lui amenèrent une
» femme qui avoit été ſurpriſe en adultère, & la faiſant tenir
» debout au milieu de l'Aſſemblée,

4. » Ils lui dirent : Maître, *cette femme vient d'être ſurpriſe*
» *en adultère :*

5. » *Or, Moïſe nous a ordonné dans la Loi de lapider les*
» *adultères ; quel eſt donc ſur cela votre ſentiment ?*

6. » C'étoit pour le tenter qu'ils diſoient cela, afin d'avoir
» de quoi l'accuſer ; mais Jéſus ſe baiſſant , écrivoit ſur la
» terre avec le doigt.

7. » Et, comme ils continuoient de l'interroger, *il ſe releva*
» *& leur dit, que celui de vous qui eſt ſans péché, lui jette la*
» *première pierre.*

8. » Puis, ſe baiſſant de nouveau, il écrivit ſur la terre.

9. » Mais eux l'ayant entendu parler de la ſorte, s'en al-
» lèrent l'un après l'autre , les vieillards ſortant les premiers ;
» de ſorte que Jéſus demeura tout ſeul avec la femme qui
» étoit au milieu.

10. » Alors Jéſus ſe relevant , lui dit : femme, où ſont vos
» accuſateurs, perſonne ne vous a-t-il condamné ?

11. » Non, Seigneur, répondit-elle. *Jéſus lui dit : je ne*
» *vous condamnerai pas non plus ; allez, & ne péchez plus à*
» *l'avenir* ».

Si je ne croyois avoir répondu en entier à toutes les
objections qu'on a tâché de tirer de quelques verſets déta-
chés des ſaintes écritures , en rapprochant ces mêmes
verſets de ceux auxquels ils ont rapport , les lecteurs

fentiront qu'il me feroit facile de tirer de ceux que je viens
de copier, de grands argumens en faveur de la caufe
que je crois devoir foutenir; mais les lecteurs le feront,
& je me contenterai de quelques réflexions rapides.

1°. Dans le récit que nous fait l'apôtre, une femme
accufée d'adultère, *furprife*, & qui, d'après ce paroît con-
vaincue, doit être condamnée à une peine capitale, & elle échappe à la mort, parce que Jéfus veut
que celui qui lui jettera la première pierre foit fans
pêché.

Jéfus n'étoit pas magiftrat civil, fon royaume n'é-
toit pas de ce monde; c'eft donc fon fentiment qu'on
lui demande, il le donne : j'y cherche fa morale, &
je conclus facilement de fa réponfe, qu'une des parties
à fes yeux n'a pas le droit de demander le divorce pour les
caufes permifes par l'évangile, lorfqu'elle s'eft fouillée de
pareils crimes; objet qui eft abfolument du for intérieur,
& dont la confcience feule peut être juge.

2°. La peine de mort portée par la loi de Moïfe,
dut paroître trop dure au légiflateur dont la loi divine
devoit être une loi de miféricorde; & je conçois d'autant mieux qu'elle dut lui paroître telle, que cette mort
étoit demandée par des gens qui ne me paroiffent y avoir
eu aucune efpèce d'intérêt; car l'écrivain facré ne nous
dit pas que l'époux outragé fût au nombre des accufa-
teurs.

3°. Jéfus dit à l'accufée, *allez & ne péchez plus à l'a-
venir.*

Qu'eût-il dit de plus, qu'eût-il dit de moins, pour une
fimple fornication, pour un vol, pour une calomnie,
une médifance, &c.?

Je demeure donc d'autant plus perfuadé, d'après la narration de Saint-Jean, que toutes les communions qui inter-
prètent Saint-Mathieu dans le fens où je l'ai expliqué,
l'entendent dans fon véritable fens.

Allez. Ce mot veut-il dire, allez retrouver votre mari,

te mari que vous avez offenfé d'une manière auffi cruelle, allez co-habiter avec celui dont le cœur vous repouffe avec mépris, avec dégoût, avec horreur, & s'il ne veut pas vous reprendre, dites-lui qu'il ne fe remarie pas,

Et ne péchez plus; ces mots veulent-ils dire, fi votre mari ne penfe pas comme le fage, que tout homme *qui garde une femme adultère eſt un fot & un impie*, & qu'il vous reprenne, foyez-lui fidèle; mais s'il vous chaffe, gardez jufqu'à fa mort, une continence peut-être très-longue, continence que la nature fembla vous refufer, fi l'on en juge par le crime dont vous êtes coupable.

Non, ces mots auffi fimples que facrés, ne fouffriront jamais une interprétation auffi forcée; Jéfus pouvoit y ajouter, les Scribes & les Pharifiens, qui étoient venus *pour le tenter*, étoient retirés; ainfi aucune confidération de prudence compatible, comme on le voit par le récit de ce fait, avec la fageffe divine, ne l'arrêtoit; pourquoi donc nous foibles mortels voudrions-nous y ajouter?

Jéfus, non-feulement pouvoit dire ce que les anti-divorciaires fuppofent être, il pouvoit plus qu'exhorter à fuivre cette morale plus auftère que la fienne, puifqu'il pouvoit donner au mari la grace de pardonner, & à la femme celle de continence. *Allez & ne péchez plus*, eſt tout ce qu'il lui dit, *allez*, *& fi l'on vous répudie, ne vous mariez pas*, ne fut pas prononcé, parce que fans doute, tel ne devoit pas être le langage de celui qui dit: « ne croyez pas que je fois venu pour abolir la loi. »

Voilà tout ce que rapporte le faint Evangile de relatif au mariage & au divorce; je me fuis permis d'en rapporter tout le texe pour qu'on ne me foupçonne pas de citer feulement certains paffages, qui, féparés des autres, pourroient être entendus dans un fens non catholique; je ne me fuis même permis de juſtifier le fens que je crois être véritable qu'après m'être affuré que l'églife, qui doit être mon guide, n'a rien décidé en point de foi fur le fens que tout fidèle doit attacher aux paroles

faintes que j'ai copiées des expreſſions de notre divin maître.
Il me paroît réſulter que le divorce n'eſt condamné, que s'il
a d'autres cauſes que l'adultère, la fornication ou toute autre
faute grave contre la chaſteté conjugale, toute action, toute
conduite déshonnête & vicieuſe contraire à la nature & aux
engagemens du mariage. C'eſt ainſi que les Juifs hellé-
niſtes & autres expliquent le mot Πορνεία qui ſe trouve
conſtamment dans les exemplaires grecs.

2°. Que dans tous ces cas, il n'eſt nullement défendu
aux hommes de chercher une conſolatrice, aux femmes
d'accepter un protecteur. Eh! qui eut jamais plus beſoin
de conſolation que l'homme le plus profondément af-
fligé; de protection, que la femme la plus calomniée
ou la plus foible? & s'ils ont des beſoins, quel autre
remède, pour les garantir de nouveaux crimes?

CHAPITRE II.

*Les Apôtres ne défendirent pas le Divorce dans le ſens
où Jéſus-Chriſt l'avoit permis ſuivant St. Mathieu.*

Comment a-t-on pu prétendre que les Apôtres avoient
rejeté le divorce, même dans le cas d'adultère? Rien
dans leurs épîtres ne le prouve, le contraire réſulte de
leurs expreſſions.

Saint Paul, épître aux Galates, chapitre premier, dit
verſ. 8. *Mais quand nous vous annoncerions nous-mêmes, ou quand un Ange venu du ciel vous annonceroit
un évangile différent de celui que nous vous avons annoncé,
qu'il ſoit anathême.*

Verſ. 9. *Je vous l'ai déja dit, & je vous le répéte, ſi
quelqu'un vous annonce un évangile différent de celui que
vous avez reçu qu'il ſoit anathême.*

Je ferois donc parfaitement tranquille, d'après cette
aſſurance poſitive, ſi cet Apôtre m'eût annoncé quelque
choſe de contraire à l'évangile.

Et entre deux autorités telles que celle de St. Mathieu & celle de St. Paul, aussi visiblement opposées que le sont l'opinion que les anti-divorciaires prétendent trouver dans le second, & la décision qui se trouve dans le premier; certes, d'après les deux versets que je viens de citer, je suivrois l'évangéliste.

Mais rassurez-vous, chrétiens, vous n'aurez pas l'embarras du choix que St. Paul vous recommande lui-même: un Apôtre qui posséda le saint Esprit n'erra pas dans ses instructions; & aussi dit-il aux Thessaloniciens, chap. 4, vers. 2: *vous savez quels préceptes je vous ai donnés de la part du Seigneur Jésus.*

3. Car la volonté de Dieu est que vous soyez saints, que vous évitiez la fornication.

4. Que chacun de vous sache posséder le vase de son corps saintement, & honnêtement.

5. Ne suivant point les mouvemens de la concupiscence, comme font les Gentils, qui ne connoissent point Dieu.

En leur rappelant qu'ils ne doivent point commettre de fornication ni se livrer à la concupiscence, cet Apôtre leur a-t-il dit qu'ils ne devoient pas avoir recours au divorce, même dans le cas d'adultère, *fornicatio* (Πορνεία)?

Bien loin de là, en exhortant les Corinthiens, épître première, chapitre 10, à ne pas devenir idolâtres, à ne pas commettre de fornication, &c. il leur dit, vers. 22, *est-ce que nous voulons irriter Dieu en le piquant de jalousie? sommes-nous plus forts que lui?* vers. 23. *tout m'est permis, mais tout n'est pas expédient: tout m'est permis, mais tout n'édifie pas.*

Suivrions-nous l'avis de Saint Paul? ne nous croirions-nous pas plus forts que Dieu, si nous voulions, comme les anti-divorciaires, imposer à nos frères un joug plus pesant que celui que Jésus-Christ nous a imposé? N'aurions-nous pas l'air de vouloir le piquer de jalousie, en prétendant rectifier la loi , en interdifant ce qu'elle a permis ?

On eft fans douté libre de refter avec une femme adul-tère ; mais *cela n'eft* quelquefois *pas expédient* , fur-tout fi l'on a des filles à élever qui pourroient être victimes du mauvais exemple : il eft permis de divorcier ; mais nous ne difons pas que de fecondes noces après le divorcé *édi-fient* ceux même qui les jugent néceffaires.

Le même Apôtre nous dit dans fa première épître à Timothée.

Verf. 8. *Or nous favons que la loi eft bonne , fi l'on en uſe felon l'efprit de la loi même.*

Verf. 9. *En reconnoiſſant que la loi n'eft pas pour le juſte , mais pour les injuſtes , les rebelles , les impies , les pé-cheurs , les fcélérats , les profanes , les meurtriers de leur père & de leur mère , les homicides ,*

10. *Les fornicateurs , les abominablès , les voleurs d'efclaves, lès meurtriers, les menteurs, les parjures & tout ce qui eft oppoſé à la fainte doctrine.*

11. *Laquelle (doctrine) eft felon l'évangile de Dieu , fouverainement heureux , dont la difpenfation m'a été confiée.*

De quelle loi vouloit parler cet Apôtre ? étoit-ce de celle contenue dans les livres de St. Marc & de St. Luc, plutôt que de celle exprimée dans celui de St. Mathieu ?

Non. C'étoit de celle que Jéfus-Chrift enfeigna ; c'étoit de la loi dont il falloit que tout chrétien fuivît la difpo-fition, en s'abftenant d'ufer du divorce, fi ce n'étoit, *felon l'efprit de la loi même , dans le cas d'adultère* , ou faute grave contre les lois du mariage ; car elle étoit faite cette loi pour *les fornicateurs*. Et comment St. Paul, qui étoit le difpenfateur de l'évangile, eût-il pu dire ce que lui prêtent nos adverfaires ? quelque chofe d'auffi con-traire à ce qu'enfeigna Jéfus, à ce que nous rapporte St. Mathieu en deux chapitres différens, peut - il être fup-poſé forti de la plume qui a tracé cet ordre aux Hébreux, chapitre 13 , verſ. 4 , *qu'en toutes choſes on ſe comporte avec honnêteté dans le mariage , & que le lit nuptial ſoit ſans tache , car Dieu condamnera les fornicateurs & les adultères.*

Quoi ! il ſeroit poſſible que St. Paul eût condamné celui qui divorcie, parce qu'il a une épouſe criminelle & dont la conduite a ſouillé ce lit nuptial , qui doit être ſans tache : il ſeroit poſſible que St. Paul eût anathématiſé celui qui, pour conſerver ſon lit ſans tache, & pour ſe ſauver du péril de le tacher lui - même après ſa ſéparation , chercheroit une épouſe plus chaſte , tandis que cet Apôtre dit aux Romains, chapitre 14 , verſ. 14. *Je ſais & je ſuis perſuadé ſelon (la doctrine du) Seigneur Jéſus , que rien n'eſt impur de ſoi-même , & qu'une choſe n'eſt impure qu'à l'égard de celui qui la croit impure.*

22. *Avez-vous une foi (éclairée) ? contentez - vous de l'avoir aux yeux de Dieu. Heureux celui qu*ₐ *ſa conſcience ne condamne point dans ce qu'il veut faire. »*

23. *Mais celui qui doute (s'il peut manger d'une viande) & qui en mange , eſt condamné, parce qu'il n'agit pas ſelon la foi : or , tout ce qui ne ſe fait pas ſelon la foi eſt péché.*

Cet Apôtre, dont les ſoins ſe portoient même juſqu'à prévenir les altercations ſur les eſpèces de viandes dont on devoit uſer, pour ne pas ſcandaliſer les foibles ; cet Apôtre auroit-il condamné un point de la loi qui étoit en uſage chez toutes les Nations , qui n'offenſoit aucune d'elles, qui ne ſcandaliſoit aucun fidèle, tandis qu'il dit aux Corinthiens dans ſa première épître , chap. 6 , verſ. 12 : *tout m'eſt permis , mais tout n'eſt pas expédient ; tout m'eſt permis, mais je ne me rendrai eſclave de quoi que-ce ſoit.*

13. *Les viandes ſont pour le ventre, & le ventre pour les viandes , & un jour Dieu détruira l'un & l'autre ; mais le corps n'eſt point pour la fornication , il eſt pour le Seigneur & le Seigneur eſt pour le corps.*

H 4

14. *Car comme Dieu a reſſuſcité le Seigneur, il nous reſſuſcitera de même par ſa puiſſance.*

Il faut donc apporter plus de ſoin à la pureté du corps qu'au choix des viandes ; & Saint Paul qui en convient, Saint Paul qui en donne des motifs ſi puiſſans, eſt accuſé d'avoir condamné tous ceux qui quitteroient une femme impure, une proſtituée, tandis que la garder étoit s'expoſer à ſcandaliſer tous ceux qui auroient pu croire que le mari avoit la baſſeſſe de partager des crimes qu'il ne vengeoit pas ; tandis qu'en la quittant ſans divorcier, & en laiſſant toujours ſubſiſter le mariage, comme le prétendent nos théologiens modernes, cet époux expoſoit ſon épouſe non répudiée, par le beſoin qu'il faiſoit naître, à commettre de nouveaux crimes, & s'expoſoit lui-même à être violemment tenté d'en commettre. Ah ! l'Apôtre qui ſavoit que ſon divin maître avoit dit (Saint Mathieu, chapitre 18, verſ. 7) *malheur à l'homme par qui le ſcandale arrive.* (St. Luc, chap. 10, verſ. 27) *vous aimerez votre prochain comme vous-même* ; l'Apôtre qui n'ignoroit pas ces paroles d'uſage (Eccléſiaſtique, chap. 3, verſ. 27.) *celui qui s'expoſe au péril y périra* ; cet Apôtre étoit bien éloigné de prêcher une pareille morale, & ſurtout d'ériger en dogmes des conſeils abſolument oppoſés aux maximes du livre ſaint ; car l'époux d'une femme ſans pudeur ſcandaliſe en ne divorciant pas, cet époux en ſe ſéparant ſans divorcier, expoſe ſon épouſe au péché ; enfin par cette conduite il s'y expoſe lui-même.)

Non, Saint Paul n'a point prêché une morale contraire à celle de l'évangile ; il n'a point dit : quoique Jéſus ait dit « *quiconque quitte ſa femme, ſi ce n'eſt pour cauſe* » *d'adultère, la fait devenir adultère* », (Saint Mathieu, chapitre 5) verſ. 32) « *quiconque renvoie ſa femme, hors* » *le cas d'adultère, & en épouſe une aure, commet un* » *adultère,* (Saint Mathieu, chap. 19, verſ. 9) je vous » dis moi, ſon Apôtre, que vous ne pouvez pas uſer du » divorce, même en cas d'adultère.

Il dit au contraire à ceux qui vouloient aggraver le

joug de l'évangile, épître aux Romains, chap. 2, verf. 18, *vous qui connoiffez la volonté de Dieu, & qui étant inf-truits par la loi, favez difcerner ce qui eft le meilleur,*

19. *Vous vous flattez d'être le guide des aveugles, la lumière de ceux qui font dans les ténèbres,*

20. *Le docteur des ignorans, le maître des fimples & des enfans, comme ayant dans la loi la règle de la fcience & de la vérité.*

21. *Cependant vous qui inftruifez les autres, vous ne vous inftruifez pas vous-mêmes, vous qui prêchez qu'il ne faut pas dérober, vous dérobez.*

22. *Vous qui dites qu'il ne faut pas commettre d'adul-tère, vous commettez des adultères, vous qui avez en horreur les idoles, vous faites des facriléges.*

23. *Vous qui vous glorifiez d'avoir la loi, vous desho-norez Dieu par le violement de la loi.*

24. *Car vous êtes caufe, comme dit l'écriture, que le nom de Dieu eft blafphémé parmi les nations.*

Ne puis-je pas dire à ceux qui veulent ôter le divorce, permis par la loi, ce que cet Apôtre difoit aux Juifs qui forçoient à la circoncifion, que la loi n'ordonnoit pas ; » *vous qui connoiffez la volonté de Dieu & qui êtes inf-* » *truits par fon évangile, vous vous flattez d'être le guide* » *des aveugles ; cependant vous qui inftruifez les autres,* » *vous ne vous inftruifez pas vous-mêmes*, puifque vous » ôtez du livre faint ce qui s'y trouve : *vous dites qu'il* » *ne faut pas commettre des adultères*, & vous voulez » priver la fociété du remède qui tend à les rendre moins » communs ; *vous qui vous glorifiez d'avoir la Loi*, vous » violez cette loi, en retranchant des paroles qui font » fuccéder la paix au trouble & au défefpoir ; & s'il » arrive que le faint *nom de Dieu foit blafphémé*, foit » par des maris que vous forcez de garder leurs époufes » adultères, foit par des femmes que des époux libei- » tins délaiffent ; s'il arrive que des *nations* entières » *blafphèment* ce faint nom en ne fe réuniffant pas à » l'églife catholique, parce qu'elles croient d'après vos cris,

« qu'elle a condamné ceux qui expliquent l'évangile dans fon
» véritable fens, c'eft vous qui êtes caufe de ces blaf-
» phèmes, c'eft vous qui caufez le défefpoir de ces
» époux, c'eft vous qui êtes caufe peut-être de ce que
» le fchifme continue ; car qui fait fi, avec plus d'in-
» dulgence fur des points de difcipline, vous n'euffiez
» pas ramené aux dogmes une infinité de proteftans &
» d'autres fectaires ?

Cet Apôtre des épîtres duquel vous prétendiez vous fervir pour foutenir votre opinion, cet Apôtre n'a point détruit l'évangile : faut-il pour vous en convaincre copier le furplus de fes épîtres ? lifez & reconnoiffez votre erreur, elle peut être chez quelqu'un de vous la fuite du defir d'une plus grande perfection ; mais ce defir procura la chute de plufieurs ; chutes prédites par ce même Apôtre, lorfqu'il dit dans fa première épître à Timothée, chapitre 4, verf. 1, *l'efprit dit expreffément que dans la fuite des temps il y en aura qui abandonneront la foi en fuivant des efprits d'erreurs & des doctrines diaboliques,*

2. *Enfeignées par des impofteurs pleins d'hypocrifie, qui auront la confcience noircie de crimes,*

3. *Qui interdiront le mariage & l'ufage des viandes que Dieu a créées pour être mangées avec action de grace par les fidèles, & par ceux qui connoiffent la vérité.*

4. *Car tout ce que Dieu a créé eft bon, & l'on ne doit rejeter aucune des chofes qui peuvent être prifes avec action de grace.*

Ces prédictions ne fe font-elles pas accomplies dès les premiers fiècles de l'églife ? des fectaires n'ont-ils pas condamné le mariage ? d'autres n'ont-ils pas anathématifé les fecondes noces ? ce font les écrits de ces derniers furtout que nous oppofent ceux qui veulent qu'en rejetant Saint Mathieu, nous croyions que Saint Paul leur eft favorable & qu'il profcrit le divorce, quoique dans le cas d'adultère Jéfus-Chrift l'ait permis, & que ce qu'il a permis n'étant pas condamnable, il eft des cas où on peut ufer du divorce *avec action de grace.*

On ne dira pas qu'il étoit question du divorce, lorsque Saint Pierre dit dans sa seconde épître, en parlant de son coopérateur, chap. 3, vers. 5, *c'est aussi ce que Paul, notre cher frère, vous a écrit selon la sagesse qui lui a été donnée.*

16. Comme il est fait aussi dans toutes ses lettres, où il vous parle de ce même sujet, dans lesquelles il y a quelques endroits difficiles à entendre, que des hommes ignorans & légers détournent à de mauvais sens, aussi bien que les autres écritures pour leur propre ruine.

17. Vous donc, mes frères, qui en êtes avertis, prenez garde à vous, de peur que vous laissant emporter aux égaremens de ces hommes insensés, vous ne veniez à décheoir de l'état ferme & solide où vous étiez établis.

Et cependant c'est de quelques versets des épîtres de S. Paul qu'on prétend appuyer ce sentiment, mais en les détachant du lieu où ils se trouvent. Pour nous, c'est en les rétablissant dans leur place, que nous montrerons leur accord parfait avec la morale évangélique & leur véritable sens conforme au texte littéral de Saint Mathieu, en même tems que par le sentiment des autres Apôtres, totalement semblable à celui de Saint Paul, nous prouverons, que ce n'est pas lorsque ce dernier parle du mariage, & de tout ce qui y a rapport qu'il y a *quelque chose de difficile* à entendre dans ses épîtres (1).

____

(1) On me pardonnera sans doute de donner en entier les textes des épîtres relatifs aux mariages avant de les commenter, si on veut bien considérer que ce double emploi m'a paru nécessaire pour éviter les reproches que m'auroient fait les rigoristes de n'être pas fidèle dans mes citations. M. de Rastignac fait souvent ce reproche à M. Hennet, qui, examen fait, ne m'a pas paru le mériter ; il inculpe aussi, pag. 165, M. Delaunoi, & dit qu'il s'est efforcé d'obscurcir la décision d'Innocent I ; M. de Berruel dit de l'Auteur du Divorce, pag. 29 : *C'est en altérant les faits, les décisions, en omettant les circonstances & les mots les plus essentiels, en nous donnant la moitié pour le tout que votre Auteur ose nous dire,* &c. Je n'ai pas voulu m'exposer à ces reproches calomnieux.

Extrait des Epîtres des Apôtres.

Epître de St. Paul aux Romains, chap. 7.

v. 1. Ignorez-vous, mes frères, (car je parle à des hommes instruits de la Loi,) que la Loi ne domine sur l'homme qu'autant de temps qu'il vit?

2. Ainsi, une femme mariée est liée par la Loi à son mari, tant qu'il est vivant ; mais s'il vient à mourir, elle est dégagée de la Loi qui la lioit à son mari.

3. Si donc elle épouse un autre homme pendant la vie de son mari, elle sera tenue pour adultère ; mais quand son mari est mort, elle est affranchie de la Loi qui l'attachoit à lui, & elle peut en épouser un autre sans être adultère?

Premiere Epître de St. Paul aux Corinthiens, chap. 6.

v. 16. Ne savez-vous pas que *celui qui se joint à une prostituée devient un même corps avec elle,* car ceux qui étoient deux ne seront plus qu'une chair, dit l'écriture.

Même Epître, chap. 7.

v. 1. Pour ce qui est des choses dont vous m'avez écrit, je vous dirai qu'*il est avantageux à l'homme de ne toucher aucune femme.*

2. Néanmoins, pour éviter la fornication, que chaque homme vive avec sa femme, & chaque femme avec son mari.

3. Que le mari rende à sa femme ce qu'il lui doit, & la femme ce qu'elle doit à son mari.

4. Le corps de la femme n'est point à elle, mais à son mari, de même le corps du mari n'est point à lui, mais à sa femme.

5. Ne vous refusez point l'un à l'autre le devoir, si ce n'est du consentement de l'un & l'autre pour un temps, afin de vaquer à la prière, & ensuite vivez ensemble comme auparavant, *de peur que votre incontinence ne donne lieu à Satan de vous tenter.*

6. Au reste, ce que je vous dis, c'est par condescendance, & je n'en fais point un commandement.

7. Car je voudrois que vous fussiez tous en l'état où je suis moi-même ; mais chacun a son don particulier selon qu'il le reçoit de Dieu, l'un d'une manière & l'autre d'une autre.

8. *A l'égard des personnes qui ne sont point mariées ou qui sont veuves, je leur déclare, qu'il leur est bon de demeurer dans cet état, comme j'y demeure moi-même.*

9. Que s'ils sont trop foibles pour garder la continence, qu'ils e marient ; car il vaut mieux se marier que de brûler.

10. *Pour ceux qui font dans le mariage, ce n'eft pas moi, mais le Seigneur, qui leur fait ce commandement, qui eft que la femme ne fe fépare point d'avec fon mari.*

11. *Que fi elle s'en fépare, qu'elle demeure fans fe marier, ou qu'elle fe réconcilie avec fon mari, que le mari de même, ne quitte point fa femme.*

12. Pour ce qui eft des autres, ce n'eft pas le Seigneur, mais c'eft moi qui leur dis, fi un fidèle a une femme qui foit infidèle, & qu'elle confente de demeurer avec lui, qu'il ne la quitte point.

13. Et fi une femme fidèle a un mari qui foit infidèle & qu'il confente de demeurer avec elle, qu'elle ne fe fépare point d'avec fon mari.

14. Car le mari infidèle eft fanctifié par la femme fidèle, & la femme infidèle eft fanctifiée par le mari fidèle, autrement vos enfans feroient impurs, au lieu que maintenant ils font faints.

15. *Que fi l'infidèle fe retire, qu'on le laiffe aller, car en ce cas-là notre frère & notre fœur n'ont plus d'engagement;* mais Dieu nous a appelés pour vivre en paix.

16. Car, que favez-vous, femme, fi vous ne fauverez point votre mari? & vous, mari, que favez-vous fi vous ne fauverez point votre femme?

17. Mais que chacun fe conduife felon le don particulier qu'il a reçu du Seigneur, & felon l'état dans lequel Dieu l'a appelé, & c'eft ce que j'enfeigne dans toutes les églifes.

25. Pour ce qui regarde les vierges, je n'ai point reçu de commandement du Seigneur ; mais voici le confeil que je donne, comme ayant reçu du Seigneur la grace d'être fon fidèle Miniftre.

26. Je crois donc qu'*à caufe des misères de la vie préfente, il eft avantageux à l'homme de ne point fe marier.*

27. Etes-vous lié avec une femme par le mariage ? *ne cherchez point à vous délier ; n'avez-vous point de femme ? ne cherchez point à vous marier.*

28. *Au refte, fi vous époufez une femme, vous ne péchez point, & fi une fille fe marie, elle ne pèche pas non plus; mais ces perfonnes-là foufriront dans leur chair des afflictions & des peines ; or, je voudrois vous les épargner.*

29. Voici donc, mes frères, ce que j'ai à vous dire, le temps eft court, ainfi, *il faut que ceux même qui ont des femmes foient comme s'ils n'en avoient point.*

30. Ceux qui pleurent, comme s'ils ne pleuroient point,

ceux qui font dans la joie, comme s'ils n'y étoient pas ; ceux qui achètent, comme s'ils ne poffédoient rien.

31. Ceux qui ufent des chofes de ce monde , comme s'ils n'en ufoient point, car la figure de ce monde paffe.

32. Or , ce que je defire c'eft de vous voir dégagés de foins & d'inquiétudes ; celui qui n'eft point marié s'occupe du foin des chofes du Seigneur , & de ce qu'il doit faire pour plaire à Dieu.

33. *Mais celui qui eft marié s'occupe du foin des chofes du monde & de ce qu'il doit faire pour plaire à fa femme. & ainfi il fe trouve partagé.*

34. De même *une femme qui n'eft point mariée & une vierge s'occupe du foin* des chofes du Seigneur , afin d'être fainte de corps & d'efprit ; *mais celle qui eft mariée s'occupe du foin des chofes du monde & de ce qu'elle doit faire pour plaire à fon mari.*

35. Au refte , je vous dis ceci pour votre avantage , non pour vous tendre un piége, mais pour vous porter à ce qui eft de plus faint & qui vous donne un moyen plus facile de prier le Seigneur , fans que rien vous en détourne.

36. Que fi quelqu'un croit *que ce foit pour lui un déshonneur que fa fille paffe la fleur de fon âge fans être mariée, & qu'il juge la devoir marier, qu'il faffe ce qu'il voudra , il ne pèche point fi elle fe marie.*

37. *Mais celui qui n'étant engagé par aucune néceffité, & qui fe trouvant dans un plein pouvoir de faire ce qu'il voudra , prend une ferme réfolution dans fon cœur, & juge en lui-même qu'il doit conferver fa fille vierge , fait une bonne œuvre.*

38. Et ainfi *celui qui marie fa fille fait bien ; mais celui qui ne la marie pas fait encore mieux.*

39. *La femme eft liée à la loi du mariage tant que fon mari eft vivant ; mais fi fon mari meurt , elle eft libre , qu'elle fe marie à qui elle voudra , pourvu que ce foit felon le Seigneur.*

40. Mais elle fera plus heureufe fi elle demeure veuve , & c'eft ce que je lui confeille ; or , je crois que j'ai auffi l'efprit de Dieu.

Même Epître , chap. 2.

3. Mais je veux que vous fachiez que Jéfus-Chrift eft le chef de l'homme , que l'homme eft le chef de la femme , & que Dieu eft le chef de Jéfus-Chrift.

4. Tout homme qui prie ou qui prophétife ayant un voile fur fa tête, déshonore fa tête.

5. Au contraire, toute femme qui prie ou qui prophétiſe n'ayant point de voile ſur la tête, déshonore ſa tête, car c'eſt comme ſi elle étoit raſée.

6. Que ſi une femme ne ſe voile point, elle devroit donc avoir les cheveux coupés ; mais s'il eſt honteux à une femme d'avoir les cheveux coupés ou d'être raſée, qu'elle ſe voile la tête.

7. Pour l'homme il ne doit point ſe couvrir la tête, parce qu'il eſt l'image & la gloire de Dieu, *au lieu que la femme eſt la gloire de l'homme.*

8. *Car l'homme n'a point été tiré de la femme, mais la femme a été tirée de l'homme.*

9. *Auſſi l'homme n'a-t-il pas été créé pour la femme, mais la femme l'a été pour l'homme.*

10. *C'eſt pourquoi la femme doit,* à cauſe des anges, *porter ſur ſa tête la marque du pouvoir que l'homme a ſur elle.*

11. *Toutefois ni l'homme n'eſt point ſans la femme, ni la femme ſans l'homme en notre Seigneur.*

12. *Car comme la femme a été tirée de l'homme, auſſi l'homme naît de la femme, & l'un & l'autre vient de Dieu.*

13. Jugez-en vous-même ; eſt-il de la bienſéance qu'une femme prie Dieu ſans être voilée ?

14. La nature même ne vous apprend-elle pas qu'il ſeroit honteux à un homme de porter de longs cheveux ?

15. Et qu'il eſt au contraire honorable à une femme de les porter longs, parce que les cheveux lui ont été donnés comme un voile qui doit la couvrir.

16. Que *ſi quelqu'un aime à conteſter pour nous, ce n'eſt point là notre coutume ni celle de l'égliſe de Dieu.*

Même Epître, chap. 14.

34. Que les femmes ſe taiſent dans les égliſes, parce qu'il ne leur eſt pas permis d'y parler ; mais *elles doivent être ſoumiſes ſelon que la Loi l'ordonne.*

35. Que ſi elles veulent s'inſtruire de quelque choſe, qu'elles le demandent à leurs maris dans la maiſon ; car il eſt contre la bienſéance qu'une femme parle dans l'Egliſe.

Epître de St. Paul aux Epheſiens, chap. 5.

v. 22. Que *les femmes ſoient ſoumiſes à leurs maris* comme au Seigneur.

23. Parce que *le mari eſt le chef de la femme* comme Jéſus-

Chrift eft le chef de l'Eglife qui eft fon corps & dont il eft auffi le Sauveur.

24. Comme donc l'Eglife eft foumife à Jéfus-Chrift, de même auffi les femmes *doivent être foumifes en tout à leurs maris.*

25. Et vous, *maris, aimez vos femmes,* comme Jéfus-Chrift a aimé l'Eglife, *jufqu'à fe livrer lui-même pour elle.*

26. Afin de la fanctifier en la purifiant dans le baptême de l'eau par la parole de vie.

27. Pour la faire paroître devant lui, *pleine de gloire, n'ayant ni tache, ni ride, ni rien de femblable, mais étant fainte & fans aucun défaut.*

28. C'eft ainfi que les maris *doivent aimer leurs femmes comme leur propre corps; celui qui aime fa femme s'aime foi-même.*

29. Car *jamais perfonne n'a haï fa propre chair; au contraire, il la nourrit, il en a foin* comme Jéfus-Chrift a foin de l'Eglife.

30. *Parce que nous fommes les membres de fon corps, formés de fa chair & de fes os.*

31. *C'eft pourquoi l'homme quittera fon père & fa mère, & s'attachera à fa femme, & ils ne feront tous deux qu'une feule chair.*

32. Ce facrement eft grand, je dis en Jéfus-Chrift & en l'Eglife.

33. *Que chacun de vous aime donc fa femme comme foi-même, & que la femme révère fon mari.*

Epître de St. Paul aux Coloffiens, chap. 3.

18. *Femmes, foyez foumifes à vos maris,* comme cela fe doit en ce qui eft felon le Seigneur.

19. *Maris, aimez vos femmes, & ne les traitez point avec rigueur.*

Première Épître de St. Paul à Timothée, chap. 2.

v. 8. Je veux donc que les hommes prient en tout lieu, levant des mains pures, évitant toute colère & toute conteftation.

9. Que les femmes auffi prient étant vêtues comme l'honnêteté le demande, qu'elles fe parent felon les règles de la modeftie & de la chafteté, non avec des cheveux frifés, ni des ornemens d'or, ni des perles, ni des habits fomptueux.

10. Mais comme des femmes qui montrent par leurs bonnes œuvres la piété dont elles font profeffion.

11. Que les femmes écoutent les inftructions en filence & avec une entière foumiffion.

12. Je ne permets point aux femmes d'enfeigner ni de

prendre

prendre *autorité sur leurs maris*, mais je leur ordonne de demeurer dans le silence.

13. *Car Adam a été formé le premier, & Eve ensuite.*

14. *Et ce n'est point Adam qui a été séduit, mais la femme ayant été séduite, est tombée dans la désobéissance.*

15. *Elles se sauveront néanmoins par les enfans qu'elles mettront au monde, si elles persévèrent dans la foi, dans la charité, dans la sainteté & dans une vie bien réglée.*

Même Epître, chap. 5.

11. Pour les jeunes veuves ne les admettez point, car après avoir vécu mollement aux dépens de Jésus-Christ, elles veulent se remarier.

12. S'engageant ainsi dans la condamnation par le violement de la foi qu'elles lui avoient donnée auparavant.

13. D'ailleurs, vivant dans l'oisiveté, elles s'accoutument à aller de maison en maison, & non-seulement elles sont oisives, mais encore causeuses & curieuses, s'entretenant de choses dont elles ne devroient point parler.

14. J'aime donc mieux que les jeunes se marient, qu'elles gouvernent leur ménage, & qu'elles ne donnent à nos ennemis aucun sujet de médire de nous.

15. Car il y en a déja quelques-unes qui se sont égarées pour suivre Satan.

Epître de St. Paul à Tite, chap. 2.

3. Apprenez de même aux femmes avancées en âge à faire voir dans tout leur extérieur une sainte modestie, à n'être ni médisantes, ni sujettes au vin, mais à donner de bonnes instructions.

4. En inspirant *la sagesse aux jeunes femmes, & en leur apprenant à aimer leurs maris & leurs enfans.*

5. *A être bien réglées, chastes, sobres, attachées à leur ménage, bonnes, soumises à leurs maris,* afin que la parole de Dieu ne soit point exposée au blasphême & à la médisance.

Première Epître de St. Pierre, chap. 3.

1. Que les femmes pareillement *soient soumises à leurs maris,* afin que s'il y en a qui ne croient pas à la parole, ils soient gagnés sans la parole par la bonne vie de leurs femmes.

Observations sur le Divorce.   I

2. Lorsqu'ils viendront à considérer la pureté de vos mœurs, jointe au respect que vous avez pour eux.

3. Ne vous parez point au-dehors par la frisure des cheveux, par les ornemens d'or, ni par la magnificence des habits.

4. Mais ornez l'homme invisible caché dans le cœur, par la pureté incorruptible d'un esprit de douceur & de paix, ce qui est un riche ornement aux yeux de Dieu.

5. Car c'est ainsi que se paroient autrefois les saintes femmes qui espéroient en Dieu & *qui étoient soumises à leurs maris.*

6. *Telle qu'étoit Sara qui obéissoit à Abraham, l'appelant son Seigneur,* elle dont vous êtes les filles, si vous faites de bonnes œuvres sans être troublées par aucune crainte.

7. Et vous de même, *maris, vivez sagement avec vos femmes, les traitant avec honneur & avec discrétion, comme le sexe le plus foible,* & considérant que vous devez être héritiers avec elles de la grace qui donne la vie, afin que vos prières ne soient point interrompues.

Observations sur les Epîtres.

Tels font les passages des épîtres où les Apôtres parlent du mariage.

Nous ne nous occuperons point de ce qui concerne les ornemens extérieurs dont parlent les Apôtres; les sages conseils qu'ils dictent aux femmes étoient relatifs aux modes & aux usages du siècle.

Peu nous importe qu'une femme ait un voile ou qu'elle néglige cette pratique, qu'elle porte ses cheveux ou qu'elle soit rasée, qu'elle les frise ou qu'elle les laisse dans l'état où les lui donna la nature.

Nous dirons à ce sujet avec St. Paul » que si quel- » qu'un aime à contester pour nous, ce n'est pas notre » coutume, ni celle de l'Eglise de Dieu ». 1er. aux Corinthiens, chap. 11, v. 16.

Mais nous nous attacherons à ce que les Apôtres ont écrit pour tous les temps, pour tous les siècles, pour tous les ménages, & nous démontrerons facilement qu'il ne résulte nullement de leurs épîtres, qu'ils aient condamné le Divorce, dans le sens où St. Mathieu rapporte que Jésus-Christ déclara, à deux différentes, fois qu'il ne le prohiboit pas.

Anti-divorciaires théologiens, vous qui, sans vous sou-
mettre au joug, prétendez nous le rendre plus dur que
celui au nom duquel nous le portons; anti-divorciaires
époux, vous, qui tenez à l'intérêt de ne pas rendre
une dot; vous qui préférez à ce malheur terrible, sans
doute, pour des avares, celui de rester éternellement
attachés à des épouses qui vous déshonorent; vous, femmes anti-divorciaires, que l'espoir de commander un
jour, retient auprès des maris qui font le malheur de
votre vie, & dont vous desirez le trépas, qu'un respect
religieux vous arrête, ne profanez pas le nom de Dieu,
ne dites pas que sa loi vous force de vivre dans un état
affreux; cet état est un enfer anticipé, j'en appelle à
votre expérience...... Vos voisins, vos amis en sont convaincus; mais la loi ne vous a point ordonné de surpas-
ser vos forces, nous venons de transcrire ses pages sacrées,
n'y avez-vous pas trouvé cette exception consolante sans
doute pour l'époux forcé d'en faire usage, quoique le motif
qui lui en impose la nécessité accable son cœur?

Si vous vous trompez sur le sens de la loi, ne calomniez
pas ceux des Apôtres qui vous l'ont expliquée : ne dites
pas, qu'ils ont proscrit le remède que le législateur divin
a bien voulu accorder à vos maux. La loi de l'Evangile
prescrit tout ce que prescrit la nature : Jésus-Christ a
mesuré les forces humaines, (1) sa morale ne semble

____

(1) St. François d'Assise, en composant la règle de ses disciples, voulut que l'Evangile en fût le fondement. Quand ce
Patriarche des Religieux mendians fut à Rome avec ses com-
pagnons pour la faire confirmer, le Pape Innocent III eut
peine à lui accorder ce qu'il demandoit, voyant bien des dif-
ficultés dans la pratique de cette règle ; mais l'Evêque de Sa-
bine dit au Pape & aux Cardinaux qui étoient d'un avis opposé à celui de François : « Si vous rejetez la demande de
» ce pauvre homme, prenez garde que vous ne rejetiez l'E-
» vangile ; puisque la forme de vie dont il demande la con-
» firmation, n'est autre chose ; car de dire que la perfection

les furpaffer que lorfqu'il ordonne le pardon des injures; mais il affure, à ceux qui pratiqueront cette vertu, un pardon dont chacun d'eux a befoin, & dont l'efpoir rend l'exécution de cette partie de la loi bien plus facile. Il recommanda l'union des époux, l'indiffolubilité du mariage; mais il fixa des bornes à ce dernier précepte; & ce font celles qui annoncent que l'union n'exifte plus. Ces bornes font auffi immuables que la loi dont elles déterminent l'étendue : les Apôtres les connoiffoient parfaitement, nous venons de le démontrer; & en divifant leurs épîtres fous différens titres, qu'on pourra conférer avec le texte, nous verrons qu'ils n'ont pas prétendu les enlever.

§. I.

Réflexions qui précèdent le mariage.

Première aux Corinthiens.

Chap. 7, v. 1. *Il eft avantageux à l'homme de ne toucher à aucune femme.*

Ibid. v. 27. *Si vous n'avez point de femme, ne cherchez point à vous marier.*

Ibid. v. 8. *Il eft bon aux perfonnes qui ne font pas mariées, ou qui font veuves, de demeurer dans cet état.*

Ibid. v. 26. *L'Apôtre croit qu'à caufe des mifères de la vie préfente, il n'eft pas avantageux à l'homme de fe marier.*

» de l'Evangile ou le vœu de l'accomplir, contient quelque
» chofe de déraifonnable ou d'impoffible, c'eft blafphémer
» contre Jéfus-Chrift, auteur de l'Evangile ». D'après cet avis, la règle fut confirmée. Si St. François s'en fût tenu aux préceptes, fes enfans n'euffent pas eu befoin de la difpenfe d'obferver une partie de ce que fa règle contient & d'un auffi grand nombre de réformes; les loix de l'Evangile obligent tous les Chrétiens, les exceptions, comme celle du Divorce, font pour les foibles; & les confeils font pour les forts qui croient devoir tendre à une plus grande perfection.

Ibid. v. 28. *Car les personnes mariées souffriront dans leur chair des afflictions & des peines qu'il voudroit leur épargner.*

Ibid. v. 32. *Il désire voir les fidèles dégagés de soins & d'inquiétudes,* ET IL REMARQUE *que celui qui n'est pas marié s'occupe de ce qu'il doit faire pour plaire à Dieu.*

Ibid. v. 34. *De même que celle qui n'est pas mariée, s'occupe du soin des choses du Seigneur, afin d'être sainte de corps & d'esprit.*

Ibid. v. 33. *Tandis que celui qui est marié s'occupe du soin des choses du monde, & de ce qu'il doit faire pour plaire à sa femme.*

Ibid. v. 34. *Et que celle qui est mariée s'occupe aussi des choses du monde, & de ce qu'elle doit faire pour plaire à son mari.*

Ibid. v. 29. *Enfin il annonce que ceux qui ont des femmes doivent être comme s'ils n'en avoient point.*

Dans un temps où l'église prenoit naissance & où elle devoit être soumise à des persécutions de tout genre, que pouvoit dire de plus sage un Apôtre qui préparoit les fidèles à *supporter les misères de la vie présente & à éloigner de leur chair les afflictions & les peines* qui devoient rendre leur condition plus dure ?

Quel seroit l'homme sage, qui, dans les circonstances d'une guerre cruelle, dans le moment d'une maladie épidémique, ne diroit pas à ceux qui le consulteroient : « Il est prudent de ne pas se marier maintenant ; les mi- » sères de la vie sont telles que les personnes mariées souf- » friront des afflictions & des peines que je voudrois vous » épargner ; votre femme violée, vos enfans massacrés à » vos yeux, votre épouse périssant d'une maladie cruelle, » vos fils & vos filles expirans en cherchant un sein qui » ne peut les nourrir ; ... vous pouvez braver la mort ; » mais si ces images cruelles sont ceux des maux qui vous » poursuivront, pourrez-vous les supporter, vous qui fré- » missez à la seule idée de leur possibilité ? Non, sans » doute. Eh bien ! suivez mon conseil, ne vous mariez » pas maintenant ; attendez que la colère du ciel soit ap- » paisée, attendez que la persécution soit cessée, que la

» guerre ſoit terminée, que la peſte ait ceſſé ſes ravages ;
» un jour viendra où vous n'aurez plus à les craindre, &
» où vous vous féliciterez d'être époux & père ». St. Paul
ne dit pas autre choſe que ce qu'eût dit cet homme ſenſé,
ce véritable ami.

Ce ſont cependant ces paſſages mal-entendus qui ont
fait donner dans l'erreur, ceux qui, dès les premiers
ſiècles de l'Egliſe, ont condamné le mariage ; tels furent Saturium & ſes ſectateurs, les Adamites, les Eucratites, &c.

Oui, il peut être permis à ceux qui veulent ſe donner
en entier à Dieu, à ceux qui ne ſe ſentent pas la force
de ſoutenir les ſoins pénibles d'un ménage, aux hommes
qui ne ſe ſentent pas celle de protéger des épouſes qui
doivent faire leur gloire, à des femmes qui n'auroient
pas celle de ſoutenir dans l'adverſité des hommes dont
elles doivent être les *aides*, à tous ceux qui ne ſe ſentent pas les qualités propres à pourvoir à la nourriture de
leurs enfans, à leur éducation, bien plus précieuſe encore ; il peut, dis-je, leur être permis, il peut être
ſage pour eux de ne pas s'engager dans le mariage ;
comme il étoit prudent, au temps où parloit l'Apôtre,
à des fidèles près de la perſécution, de ne pas contracter
des engagemens qui pouvoient diminuer leur zèle.

Mais vouloir en conclure que le mariage étoit une
invention condamnable, c'étoit une erreur dans laquelle
ne tombèrent les hérétiques que nous venons de nommer,
que parce qu'ils raiſonnoient ſur le mariage, comme nos
adverſaires raiſonnent ſur le Divorce.

§. I I.

Du mariage des enfans.

Première aux Corinthiens.

Chap. 7, v. 25. *Pour ce qui regarde les vierges, je n'ai point* reçu de commandement du Seigneur ; mais voici le conseil que je donne.

Ibid. v. 36. *Si quelqu'un croit que ce soit pour lui un déshonneur que sa fille passe la fleur de son âge sans être mariée, & qu'il juge la devoir marier, qu'il fasse ce qu'il voudra, il ne pèche pas si sa fille se marie.*

Ibid. v. 37. *Mais celui qui n'étant engagé par aucune nécessité, & qui se trouvant dans un plein pouvoir de faire ce qu'il voudra, prend une ferme résolution dans son cœur, & juge en lui-même qu'il doit conserver sa fille vierge, fait une bonne œuvre.*

Ibid. v. 38. *Ainsi, celui qui marie sa fille fait bien ; mais celui qui ne la marie pas fait encore mieux.*

On vient de voir les motifs qui avoient engagé St. Paul à ne pas inviter au mariage ; & la manière dont on a abusé de ses conseils, le même esprit lui dicta ceux qui ont trait au mariage des enfans, & que sa charité donne aux pères, toujours à raison des malheurs du temps où il écrivoit.

Quel abus n'a-t-on pas fait de ces avis prudens ? N'est-ce pas en les détournant de leur véritable sens qu'on a vu des parens fanatiques *prendre la ferme résolution dans leur cœur de ne pas marier leurs filles, & juger en eux-mêmes qu'ils devoient les conserver vierges ?* Ne s'est-on pas servi de ces passages de l'Apôtre pour excuser l'avarice qui réléguoit pour toujours de jeunes filles dans des cloîtres, afin de pouvoir enrichir leurs frères & leurs sœurs ?

N'est-ce pas aussi en expliquant mal ces passages, que les parens qui croyoient ou qui feignoient de croire que *c'étoit pour eux un déshonneur que leur fille passât la fleur de son âge sans être mariée,* faisoient ce qu'ils vouloient, avant qu'elle pût avoir une volonté, qu'ils la donnoient sans son consentement, nécessaire cependant pour qu'il existât un mariage réel, à l'homme qui convenoit le plus à des pères & mères avares, mais à l'homme qui ne convenoit nullement à une jeune fille dont il devoit faire le malheur ?

Ces deux interprétations de vouer au célibat ou de marier des filles malgré elles, quelque éloignées qu'elles fuſſent l'une de l'autre, l'étoient également du ſens de l'apôtre qui n'avoit pas plus voulu autoriſer à forcer une jeune fille de garder toute ſa vie une virginité qui lui peſoit, qu'à la faire ſacrifier à un homme pour lequel elle ne pouvoit avoir que de la répugnance, du dégoût, de l'horreur, &c. Tels furent les ſens divers que les paſſions des hommes prêtèrent à St. Paul ; telle eſt la manière dont tâchent de l'expliquer, lorſqu'il eſt queſtion de l'indiſſolubilité du mariage, des hommes qui deſirent rendre la vertu tellement auſtère, qu'elle ſerve de manteau ſouvent à leurs vices, & toujours à l'intolérance qui flatte leur orgueil, & qui les fait commander à l'eſprit humain.

§. I I I.

De ceux qui veulent ſe marier.

Première aux Corinthiens.

Chap. 7, v. 9. S'ils ſont trop foibles pour garder la continence. qu'ils ſe marient, car il vaut mieux ſe marier que de brûler.

Ibid. v. 2. Pour éviter la fornication, que chaque homme vive avec ſa femme, & chaque femme avec ſon mari.

Ibid. v. 28. Si vous épouſez une femme, vous ne péchez point, & ſi une fille ſe marie, elle ne pèche pas.

Ibid. v. 36. L'homme ne pèche pas ſi ſa fille ſe marie.

Ibid. .v. 38. Celui qui marie ſa fille fait bien.

Première à Timothée.

Chap. 5, v. 9. Que celle qui ſera choiſie pour être miſe au rang des veuves. n'ait pas moins de ſoixante ans.

Ibid. **v. 11.** *Pour les jeunes veuves, ne les admettez point, car elles veulent se remarier.*

Ibid. **v. 14.** *Et j'aime mieux que les jeunes veuves se remarient, qu'elles aient des enfans, qu'elles gouvernent leur ménage, & qu'elles ne donnent à nos ennemis aucun sujet de médire de nous.*

Ceux qui se marioient ne péchoient donc pas dès le tems des Apôtres : trop foibles pour garder la continence dans un tems de persécution, continence qu'on ne leur recommandoit alors que pour que rien ne pût les distraire des sacrifices qu'ils devoient faire à Dieu, même de leurs vies ; ils devoient avoir recours à cette union que Jésus-Christ éleva à la dignité de sacrement, elle leur donnoit des forces, bien loin de les leur ôter ; quel est l'être foible auquel la confiance qu'il trouve dans un autre lui-même n'en donne pas ?

Au lieu d'exciter à ne pas se marier, l'Apôtre consent, il veut même que les jeunes veuves ne soient pas admises au rang de celles qui se consacrent au Seigneur, il recommande que ces dernières n'aient pas moins de soixante ans, parce qu'il desire que les *jeunes se remarient, aient des enfans, gouvernent leur ménage,* plutôt que de prendre des engagemens qu'elles pourroient regretter.

Dans un tems où la persécution n'existe plus ; dans un tems où la tolérance évangélique est devenue la première loi ; dans un tems enfin, où on vient d'anéantir ces vœux que plus d'un homme & plus d'une fille regrettoient, on a suivi ces conseils de l'Apôtre ; on ne condamne pas cette continence qui est, d'après Jésus-Christ même, un don du ciel, mais on ôte la possibilité trop commune du désespoir & des regrets que des vœux indiscrets arrachoient à ceux qui reçurent des graces moins étendues qu'ils ne s'en supposèrent ; on laisse, comme Saint Paul le desiroit, & à ces veuves & à ces hommes, qui peuvent desirer une union qui doit faire leur bonheur

& celui de la fociété, la liberté de la former, & mos lois comme les leçons de l'Apôtre, leur traceront, & leurs devoirs, & les moyens de les remplir.

§. I. V.

Devoir des femmes.

St. Paul à Tite.

Chap. 2, v. 4. *Les femmes doivent aimer leurs maris.*

St. Paul aux Ephéfiens.

Chap. 5, v. 22 & 24. *Elles doivent être foumifes à leurs maris.* Cer ordre eft répété par les mêmes Apôtres, page première aux Corinthiens, Chap. 14, verf. 34. Aux Coloffiens, Chap. 3, v. 18. A Tite, Chap. 2, v. 5. Et par St. Pierre, première épître, Chap. 3, v. 1, 5 & 6.

St. Paul à Timothée.

Chap. 2, v. 12. *Ne pas prendre d'autorité fur eux.*

St. Paul aux Ephéfiens.

Chap. 5, v. 33. *Les révérer :* c'eft ce que l'Apôtre répète, première aux Corinthiens, Chap. 11, v. 3.

St. Paul aux Ephéfiens.

Chap. 5, v. 23. *Le mari est le chef de la femme.*

St. Paul, première aux Corinthiens.

v. 10. *Elle doit porter la marque du pouvoir que l'homme a fur elle.*

St. Paul, première aux Corinthiens.

Chap. 11, v. 6. *La femme eft la gloire de l'homme.*

St. Paul aux Ephéfiens.

Chap. 5, v. 27. Elle ne doit avoir ni tache , ni ride , ni rien de femblable , mais être pleine de gloire, fainte , & fans aucun défaut.

St. Paul à Tite.

Chap. 2, v. 5. Elles doivent être chaftes , bien réglées , fages , fobres , attachées à leur ménage , bonnes.

Si les femmes rempliffoient la tâche que leur infpire l'Apôtre , fi elles y joignoient ce peu de goût que Saint Pierre leur recommande pour la parure & les frivolités du fiècle ; quel eft l'homme qui voudroit fe féparer d'une femme *qui l'aimeroit , lui feroit foumife* autant que leur bonheur mutuel le demande, ne voudroit *prendre d'autorité fur lui* que celle que lui donneroit cette confiance qui fait la douceur de la vie ? aucun fans doute ne defireroit rejeter de fes bras celle qui feroit *fa gloire* : les années pourroient apporter quelque altération aux graces extérieures de fa figure ; mais elles refpecteroient le bonheur de ces deux époux , & le mari enivré de ce charme que le fentiment répand fur tout ce qu'il embellit , ne trouveroit aucune *tache*, aucune *ride* dans celle qui n'auroit aucun *défaut.*

L'amour ne fait-il pas difparoître ceux qui pourroient deffiller les yeux d'un amant féduit ? ah ! que l'époufe qu'un attrait enchanteur a fait choifir , y joigne de la douceur & des vertus , & le fort de l'homme qui s'eft attaché à cette femme , fera fixé pour la vie ; la chaîne de plaifirs fans ceffe renaiffans pour ce mortel heureux ne fera ferrée que par le bonheur ; la beauté ne fe flétrira point aux yeux d'un homme qui retrouvera toujours joints aux formes qui l'avoient féduit, des charmes d'un plus grand prix encore, & la laideur même s'embellira lorfque les graces, la complaifance, la juftesse de l'efprit, la douceur du caractère s'empresseront de la voiler.

§. V.

Devoir des maris.

St. Paul aux Ephéfiens.

Chap. 5, v. 28. *Les maris doivent aimer leurs femmes. Idem, aux Coloffiens, Chap. 3, v. 19.*

Ibid. v. 33. *Ils doivent les aimer comme eux-mêmes.*

Ibid. v. 25. *Et jufqu'à fe livrer eux-mêmes pour elles.*

Ibid. v. 28. *Comme leur propre corps, car celui qui aime fa femme s'aime foi-même.*

Ibid. v. 29. *Car jamais perfonne n'a haï fa propre chair, au contraire, il la nourrit, & il en a foin.*

Ibid. v. 31. *C'est pourquoi l'homme quittera fon père & fa mère, & s'attachera à fa femme, & ils ne feront tous deux qu'une feule chair.*

St. Pierre, première épître.

Chap. 3, v. 7. *Les maris doivent vivre fagement avec leurs femmes, les traitant avec honneur & difcrétion, comme le fexe le plus foible.*

St. Paul aux Coloffiens.

Chap. 3, v. 19. *Ne les point traiter avec rigueur.*

St. Paul, première aux Corinthiens.

Chap. 7, v. 27. *Etes-vous lié avec une femme, ne cher-chez point à vous délier.*

Le mari qui aimeroit fa femme comme lui-même & jufqu'à *fe livrer pour elle,* jufqu'à faire par conféquent pour fon époufe les plus grands facrifices , celui même des paffions qui lui tiendroient le plus à cœur & qui pourroient troubler le bonheur de celle à laquelle il eft *attaché*; cet homme qui traiteroit fa femme *avec honneur, avec difcrétion*, fur ces légers défauts dont les reproches piquent fouvent l'amour propre de leur fexe , *comme un être foible*, mais fenfible ; cet époux *qui ne chercheroit pas à fe délier*, poutroit-il faire naître dans le cœur de fon époufe des fentimens oppofés aux fiens, ne la ramèneroit-il pas à ceux-ci fi quelques torts de fa part, ou fi quelques circonftances étrangères les euffent affoiblis ?

Ah ! paffons, paffons à cet être foible l'amour propre , cette paffion que le chriftinanifme ne peut généralement éteindre , l'orgueil même , défaut dont ne furent pas exempts les grands hommes , enfin d'autres foibleffes qui nous font communes avec les defcendantes d'Eve , que l'amour nous porte à les excufer dans les femmes auxquelles nous fommes attachés, & nous leur éviterons ces vices qui déshonorent leur fexe , & ces crimes par lefquels l'union conjugale eft rompue : fouvent une complaifance réciproque qui n'a pour objet que des chofes indifférentes, fert au bonheur commun des époux : un refus l'effarouche & le fait fuir ; une marque de confiance donne à des cœurs fenfibles le defir de s'en montrer dignes , tandis que la défiance allume des paffions qui ne feroient pas nées. Oh ! mes amis, foyons libres, & nous ferons heureux; ne prétendons pas avoir à nos ordres des efclaves; ils nous détefteroient, ils nous trahiroient ; ayons une femme , une compagne , une aide, une amie; montrons-lui que nous comptons trouver tout cela en elle, & notre bonheur naîtra de celui qu'elle recevra de nous.

§. V I.

Devoirs qui leur sont communs.

St. Paul, première aux Corinthiens.

Chap. 11, v. 11. *L'homme n'est point sans la femme, & la femme sans l'homme en notre Seigneur.*

Ibid. v. 12. *Comme la femme a été tirée de l'homme, aussi l'homme naît de la femme, & l'un & l'autre viennent de Dieu.*

Chap. 7, v. 3. *Que le mari rende à sa femme ce qu'il lui doit, & la femme ce qu'elle doit à son mari.*

Ibid. v. 2. *Pour éviter la fornication, que chaque homme vive avec sa femme, & chaque femme avec son mari.*

Ibid. v. 4. *Le corps de la femme n'est point à elle; mais à son mari, de même que le corps du mari n'est point à lui, mais à sa femme.*

Ibid. v. 5. *Ne vous refusez point l'un à l'autre le devoir, de peur que votre incontinence ne donne lieu à Satan de vous tenter.*

Quelles belles images nous presente l'Apôtre! une union toujours subsistante, les corps de deux époux n'en doivent faire qu'un, & leurs ames doivent être également unies: *chaque homme* (alors) *vit sans peine avec sa femme & chaque femme avec son mari; le corps de la femme n'est point à elle, mais à son mari, & le corps du mari n'est point à lui, mais à la femme:* ils s'appartiennent en entier. Il en est ainsi de leurs pensées, une confiance mutuelle les communique de l'un à l'autre époux; & en se livrant à cette confiance qui fait le charme de la vie, *le mari rend à sa femme ce qu'il lui doit, & la femme ce qu'elle doit à son mari; ils ne savent se rien refuser l'un à l'autre.* Le *devoir,* même, dont parle Saint Paul, n'est qu'une preuve de plus de cette union des ames dont nous entretient Platon. On ne reproche à ce philosophe d'avoir fait un

fyſtême de ce ſentiment naturel, que parce que, ſous prétexte d'une plus grande pureté, il en avoit ſéparé cette
dernière preuve, que la religion, d'accord avec la nature, autoriſe, que l'Apôtre recommande *pour éviter la
fornication & empêcher Satan de nous tenter*, & qui doit
même néceſſairement exiſter, pour que les vues de Dieu
ne ſoient pas trompées; car *l'homme n'eſt point ſans la
femme, & la femme n'eſt point ſans l'homme en notre
Seigneur.*

§. V I I.

Les époux ne doivent point ſe ſéparer.

St. Paul, première aux Corinthiens.

Chap. 7, v. 10. *Pour ceux qui ſont dans le mariage, ce n'eſt
pas moi, mais le Seigneur qui leur fait ce commandement,
que la femme ne ſe ſépare point d'avec ſon mari.*

Ibid. v. 11. *Si elle s'en ſépare, qu'elle demeure ſans ſe
marier, ou qu'elle ſe réconcilie avec ſon mari; que le mari
de même ne quitte point ſa femme.*

Ibid. v. 2. *Que chaque homme vive avec ſa femme & chaque
femme avec ſon mari.*

Oui, dans l'état que nous venons de peindre, *chaque
homme vivra avec ſa femme & chaque femme avec ſon
mari :* les époux ſuivront à la lettre *le commandement
du Seigneur, la femme ne ſe ſéparera pas de ſon mari;
de même que le mari ne quittera pas ſa femme.*

Mais s'il arrive qu'une différence d'humeur, qu'une
incompatibilité dans le caractère, décide la femme à ſe
ſéparer, cette femme chrétienne demeurera ſans ſe marier
ou ſe réconciliera avec ſon mari.

Il ne leur eſt effectivement pas libre de ſe quitter,
de ſe ſéparer tant que dure leur union, & elle ne peut
être rompue, quelque orageuſe qu'elle ſoit, d'après la loi
divine, que dans le cas d'adultère, fornication ou faute

grave contre le mariage ; mais alors ce ne font pas deux époux qui fe quittent , puifqu'après l'adultère , le mari n'eft plus mari ; ce n'eft point une de ces féparations monftrueufes admifes par notre jurifprudence infenfée : car ce qui leur étoit défendu hors ce cas, *exceptâ causâ fornicationis* , leur devient permis alors, parce que ce crime diffout le mariage.

Que les anti-divorciaires ne prétendent pas que par ces mots Saint Paul condamne le divorce, certainement l'Apôtre qui dit aux Galates , *quand nous vous annoncerions nous-mêmes , ou quand un ange venu du ciel vous annonceroit un évangile différent de celui que nous vous avons annoncé , qu'il foit anathème :* cet Apôtre infpiré du Saint Efprit, toujours d'accord avec la loi de Jéfus, n'a pas cru qu'en donnant l'explication de la loi , il eût détruit l'exception fortie de la bouche du Dieu qu'il prêchoit & qu'on trouve dans S. Mathieu , chap. 5 & 19. Il trace les devoirs des femmes envers leurs maris, ceux des maris envers leurs femmes , ceux qui leur font communs, & la manière dont ils doivent vivre dans l'union la plus intime ; il rapporte la loi dans toute fa plénitude , *ce n'eft pas moi , mais c'eft le Seigneur qui leur fait ce commandement que la femme ne fe fépare point d'avec fon mari..... que le mari de même ne quitte point fa femme.*

Il ne parle pas de l'exception, parce qu'il n'en eft pas queftion ; mais il ne la fupprime pas, il ne le pouvoit & ne le vouloit pas ; c'eft donc comme s'il nous eût dit : » tout mari qui n'a point répudié fa femme ne doit pas » la quitter ; toute femme qui n'a point divorcié ne doit » point fe féparer de fon mari. & fi elle l'a fait, elle doit » fe réconcilier avec lui , car le mariage fubfifte entre » deux époux vivans, tant qu'il n'a pas été rompu, pour » une de ces fautes graves dont Jéfus a parlé dans Saint » Mathieu & pour raifon defquelles le divorce eft » permis.

Si

§. VIII.

Le mariage doit être indissoluble.

Première aux Corinthiens.

Chap. 7. v. 27. *Etes-vous liés avec une femme, ne cherchez point à vous délier.*

Ibid. v. 39. La femme est liée à la loi du mariage tant que son mari est vivant ; mais si son mari meurt, elle est libre de se remarier avec qui elle voudra, pourvu que ce soit suivant le Seigneur.

Aux Romains.

Chap. 7. v. 1. *Ignorez-vous, mes frères, car je parle à des hommes instruits de la Loi, que la Loi ne domine sur l'homme qu'autant de temps qu'il vit.*

Ibid. v. 2. Ainsi, une femme mariée est liée à son mari tant qu'il est vivant ; mais s'il vient à mourir, elle est dégagée de la loi qui la lioit à son mari.

Si donc une femme épouse un autre homme pendant la vie de son mari elle sera tenue pour adultère; mais quand son mari est mort, elle est affranchie de la loi qui l'attachoit à lui & elle peut en épouser un autre sans être adultère.

Quel seroit l'engagement du mariage si une différence supportable dans le caractère, si un léger dissentiment d'humeur, si une contrariété de l'instant pouvoient rompre à jamais l'union de deux époux ? Bien loin de le permettre, la loi le défend expressément, elle veut, comme nous venons de le voir, que ces orages passagers ne soient pas un motif de scission.

Le mariage doit être indissoluble, rien ne peut le rompre que la mort ou le crime. Jésus ne borna pas sa morale à la condamnation de l'adultère, il mit de niveau avec ce crime, la volonté de le commettre ; de même l'Apôtre ne se contente pas de dire, *ne quittez pas votre femme,* mais il ajoute, *si vous êtes liés avec une femme ne cherchez point à vous délier.* Fuyez, ah ! fuyez maris les occasions de donner à vos femmes un motif pour demander le divorce, ne vous exposez pas à commettre l'adultère, évitez également tout ce qui pour-

Observations sur le Divorce.   K

roit les conduire à ce crime ; qu'elles trouvent toujours dans leur époux , un ami, un amant même; que les prévenances de l'amant rendent agréables les conseils que la sagesse met dans la bouche de l'ami ; que sûres de la tendresse de l'un , de l'attachement de l'autre elles trouvent dans la maison de leurs époux la paix & le bonheur ; qu'elles quittent avec peine, qu'elles rentrent avec plaisir dans cette habitation où la confiance les rappelle , & où elles retrouvent des enfans qui multiplient pour elles & pour leurs époux le bonheur qu'ils partagent.

Oh ! femmes, ce que la loi sollicite pour vous, elle l'attend de vous , auriez vous reçu en vain cette douceur qui vous est propre , ce liant dans le caractère dont la nature vous fit présent : l'humeur & les autres défauts qui terniroient ces belles qualités, écarteroient de chez vous ces époux qui doivent y être rappelés par le plaisir ; *liées à ces époux , tant qu'ils vivent,* comme ils doivent vous être attachés , il ne vous est pas permis de vous arracher de leurs bras pour en épouser d'autres ; la loi civile peut le permettre aux Citoyennes, mais la loi divine à laquelle sont soumises des femmes chrétiennes , ne le leur permet pas, *cette loi les déclare adultères* si elles se marient pendant la vie de leurs époux.

Ne vous plaignez pas de cette loi, elle n'est pas injuste, puisqu'elle est égale, car *la loi domine* aussi *sur l'homme autant de temps qu'il vit*, & il est également réputé adultère, si, pendant votre vie, il épouse une autre femme.

Quoi ! cette mort, vous écrierez-vous, la loi l'exige comme la seule condition qui détruit le mariage; lorsque le nôtre est rompu par le crime, nous ne pouvons donc en conclure un second. Que cette loi est dure, diront les époux de tout sexe; ce précepte contrarie tellement la nature, que nous n'allons plus nous voir nous-mêmes qu'avec horreur ; car si celui qui regarde une femme avec un mauvais desir est déja adultère , ne sommes-nous pas homicides? nous qui desirons, qui invoquons à grands cris la mort pour nous délivrer d'un époux, d'une femme adultère, puifqu'elle feule peut nous rendre la liberté néceffaire à notre bonheur.

La loi eft dure, lesdifciples le dirent comme vous; mais fi elle leur parut l'être, en la comparant à celle de Moyfe, & fi elle vous paroît ainfi, à vous-même, Chrétiens! contentez-vous de la fuivre, telle que vous l'annonce l'évangile, telle que Saint-Paul vous l'explique, & non telle qu'il plaît aux anti-divorciaires de vous la préfenter.

Oui, l'homme eft foumis à la loi tant qu'il vit; la femme eft liée à la loi du mariage, elle eft liée à fon mari, tant que ce mari eft vivant. (Saint-Paul, loc. citat.). *Quiconque renvoie fa femme hors le cas d'adultère & en époufe une autre, commet un adultère; celui qui époufe une femme répudiée (hors le cas d'adultère) commet un adultère.* (Saint-Mathieu, chap. 19.). *Et fi une femme époufe un autre homme pendant la vie de fon mari* (lorfque le mariage n'a pas été rompu pour caufe d'adultére) *elle fera tenue pour adultère.* (Saint-Paul, loc. citat.).

Telle eft la feule manière de concilier ce qu'a dit l'apôtre, avec ce qu'a dit fon divin maître. Vouloir nous perfuader qu'il a entendu détruire cet adouciffement ajouté à la loi par Jéfus lui-même, au moment où il l'a portoit, c'eft vouloir nous tromper, c'eft fuppofer à cet apôtre une erreur qu'il ne commit pas. Plein de refpect pour la divine loi qu'il prêcha & qu'il fcella de fon fang, le projet de la réformer fut éloigné de fon ame; bien loin de rendre la fervitude de cette loi plus difficile & au-deffus des forces humaines que le légiflateur avoit fixé, il l'eût rendu plus douce, s'il l'eût pu; tel eût été en lui l'effet de cette charité dont fes épîtres nous donnent un exemple frappant dans les verfets que nous allons rapporter.

§. I X.

Cas où le mariage peut fe diffoudre.

St. Paul, première aux Corinthiens.

Chap. 7. v. 12. Pour ce qui eft des autres, ce n'eft pas la

Seigneur, mais c'est moi qui leur dis : si un fidèle a une femme qui soit infidèle, & qu'elle consente de demeurer avec lui, qu'il ne la quitte point.

Ibid. v. 13. Et si une femme fidèle a un mari qui soit infidèle & qu'il consente de demeurer avec elle, qu'elle ne se sépare point d'avec son mari.

Ibid. v. 14. Car le mari infidèle est sanctifié par la femme fidèle, & la femme infidèle est sanctifiée par le mari fidèle.

Ibid. v. 15. Si l'infidèle se retire qu'on le laisse aller, car EN CE CAS (en de tels cas (1) ιν τοῖς τοιϛτοις, suivant le grec), *NOTRE FRÈRE OU NOTRE SOEUR N'ONT PLUS D'ENGAGEMENT ; mais Dieu nous a appelés pour vivre en paix.*

Ibid. v. 16. Car que savez-vous, femme, si vous ne sauverez pas votre mari ? & vous, mari, que savez-vous si vous ne sauverez pas votre femme ?

Ibid. v. 17. Mais que chacun se conduise selon le don particulier qu'il a reçu du Seigneur, & selon l'état dans lequel Dieu l'a appelé.

Jésus-Christ avoit (comme nous l'avons expliqué page 100 & suivantes) permis le divorce pour cause d'adultère ou autre faute grave contre la chasteté conjugale.

Saint-Paul, en rappelant les principes de l'indissolubilité du mariage, étoit bien éloigné de vouloir supprimer la permission du divorce; il aimoit mieux supposer, comme nous venons de le démontrer, que les chrétiens suivroient les préceptes de son divin maître, que de croire qu'aucun d'eux réclameroit l'exception.

Mais bien loin de condamner le divorce permis par la loi,

______

(1) En admettant la vulgare, je n'ai point entendu exclure la version grecque d'après laquelle Puffendorf conclud avec raison qu'outre la désertion pour cause de haine contre le Christianisme, il existe d'autres motifs de divorce suivant St. Paul ; tels que le refus obstiné de la consommation du mariage, la fuite d'une femme qui cherche l'indépendance. En me renfermant, comme on le voit, dans le sens que les anti-divorciaires préfèrent, ils me permettront sans doute de citer cet Apôtre dans la langue dont il s'est servi afin que les Chrétiens connoissent ce qu'il a réellement dit, quoique les Traducteurs n'aient pas jugé à propos de le rendre.

il en admet un que la loi n'admettoit pas, ou pour mieux dire, il explique un cas particulier, où il peut avoir lieu, & il a grand soin de nous faire remarquer alors, que le divorce, dont il parle, n'a point été textuellement exprimé par Jésus-Christ, *ce n'est pas le Seigneur, mais c'est moi qui dis* :

Et quelle est l'espèce de ce divorce? Un dissentiment d'opinions religieuses en est le motif; deux époux liés par un contrat civil, deux époux mariés ne professent pas la même religion, l'infidèle divorcie, *& le chrétien doit le laisser aller, car, en ce cas, notre frère ou notre sœur n'ont plus d'engagement, mais Dieu nous a appelés pour vivre en paix.*

Les motifs *de sanctifier l'infidèle*, de rendre *saints des enfans, de sauver sa femme ou son mari,* peuvent faire rester avec un époux infidèle; ils peuvent faire supporter sa mauvaise humeur, ses mauvais traitemens; *mais si l'infidèle se retire, qu'on le laisse aller.*

Quoi ! deux chrétiens sont unis ensemble; l'un d'eux perd de vue les préceptes du Seigneur, il se retire, & on infèreroit des paroles de cet apôtre, que le chrétien fidèle à ces préceptes, est encore *tenu à des engagemens* que l'autre partie a rompus; qu'il doit rester dans une viduité désolante, jusqu'à ce qu'il ait plu à Dieu de rappeler son époux à ses premiers engagemens? Non, certainement. La conversion de l'infidèle ne pouvoit-elle pas être également attendue; & cependant l'apôtre ne prescrit point un veuvage éternel jusqu'au moment où la grace doit opérer ce miracle.

Qu'a donc voulu nous dire l'apôtre ? que si l'infidèle se retire, l'époux chrétien est libre, & peut, dès ce moment, contracter un nouvel engagement, tandis que si un des époux chrétiens, oubliant sa loi, abandonne l'autre sans motifs suffisans, il faut encore qu'il convole à de secondes nôces, pour que la partie délaissée puisse se remarier; mais dans ce cas la loi est exécutée; car, que sont alors de secondes nôces de la part de celui qui se retire? Un *adultère décent, decorum adulterium;* par leur moyen en sortant de l'exception de St.

Paul, on rentre dans celle que Jéfus-Chrift admit lui-même pour caufe d'adultère, *excepta fornicationis caufa* ; tel eft le feul fens que ma raifon & ma foi donnent aux expreffions de l'apôtre, jufqu'à une condamnation œcuménique de ce fens littéral.

Conclufion & réponfes à quelques objections.

Après une explication auffi fimple & auffi naturelle des épîtres, refte-t-il quelques objections à faire contre le fyftême que je défends? ofera-t-on prétendre encore que Saint-Paul eft contraire au divorce?

La femme eft attachée à la loi tant que fon mari vit ; mais fi fon mari meurt, elle eft libre ; qu'elle fe marie à qui elle voudra, fuivant St. Paul (première aux Corinthiens, c. 7, v. 39). D'où l'on conclut que la femme ne peut faire diffoudre fon mariage, même en cas d'adultère, & qu'elle ne peut fe remarier pendant que fon mari eft vivant.

C'eft le Seigneur qui ordonne que la femme ne fe féparera point d'avec fon mari; fi elle s'en fépare, qu'elle demeure fans fe remarier, ou qu'elle fe réconcilie avec fon mari, & que le mari ne quitte pas fa femme. (Saint-Paul, première aux Corinth., chap. VII, v. 10 & 11) d'où l'on tire la conféquence qu'il n'eft pas permis de fe féparer, même dans le cas d'adultère, & qu'en le fuppofant, on doit, ou fe réconcilier, ou vivre dans la continence.

Tels font les textes qu'on nous oppofe; mais quel eft le motif de ces décifions? On le trouve dans ces mots : *C'eft que ceux qui étoient deux ne feront plus qu'une chair, dit l'écriture.* (Saint-Paul, première aux Corinth., chap. VI, v. 16).

Je vois parfaitement que la femme eft attachée à la loi, & que, comme cette loi eft égale, le mari y eft également attaché : nos adverfaires conviennent de cette réciprocité qui nous femble d'ailleurs démontrée.

Mais, que dit cette loi? Que des époux font attachés l'un à l'autre, & qu'ils ne peuvent ufer du divorce que dans le cas d'adultère; or, la loi les délie donc dans ce cas, & le temps de la vie de l'époux n'exprime rien ici que l'époque où finit un engagement qui n'eſt pas rompu par la cauſe prévue (1).

Les époux ne doivent ni ſe quitter ni ſe ſéparer dans les cas non-prévus ; s'ils ſe permettent de le faire, pour de fortes raiſons ſans doute, l'Eſprit-Saint leur défend de ſe re-marier, & leur conſeille de ſe réconcilier; mais c'eſt-à-dire, toutes les fois où le contrat n'eſt pas rompu, toutes les fois où le mariage n'eſt pas diſſous, par la cauſe qui détruit leur union.

Oui, *ceux qui etoient deux ne feront plus qu'une chair,* tant que le crime ne les ſéparera pas ; or, ce crime eſt déſigné dans l'écriture même qui nous aſſure de cette union

---

(1) Des partiſans du ſens littéral prétendroient peut-être que, par les mots textuels de l'Evangile, il n'eſt permis qu'au mari de renvoyer ſa femme, *quicunque dimiſerit uxorem,* que l'adultère commis par la femme ſeule rompt le mariage *propter fornicationem,* que la femme ſeule dans le cas prévu ne peut ſe remarier, *& quicunque dimiſſam duxerit, moechatur.*

Car, dans l'Evangile, dira-t-on, il n'eſt pas queſtion de la réciprocité, bien plus l'Apôtre ne parle que de la femme, lorſqu'il dit, *qu'elle eſt attachée à la Loi tant que ſon mari eſt vivant.*

Que la femme ne doit pas ſe ſéparer de ſon mari ;

Que ſi elle le fait, elle reſte ſans ſe marier, ou ſe réconcilie avec lui.

Ces mots, *de même que le mari ne quitte pas ſa femme,* diroit-on, ne ſemblent pas étendre la réciprocité au même point, car toutes les défenſes ſont pour la femme dans l'écriture.

On ſent quel ſeroit le défaut d'un pareil raiſonnement ; nous ne le rapportons ici que pour faire voir de nouveau combien il peut paroître ridicule à tout être raiſonnable d'entendre les anti-divorciaires vouloir expliquer à la lettre tel verſet, ne prendre le précédent ou le ſuivant que dans un ſens méta-phorique, ou retrancher de tel autre ce qui leur déplaît. Cette méthode eſt, j'en conviens, on ne peut pas plus commode, mais eſt-elle compatible avec le vrai ſens de l'Evangile ? Non ſans doute. Nous croyons l'avoir prouvé.

K 4

Je vais plus loin, & je demande, lorfque le divin légiflateur nous affura que *deux époux ne font plus deux, mais une feule chair.* Saint-Mathieu, chap. 10.

Jéfus entendoit-il parler ou des mariages des chrétiens feulement, ou du mariage en général ?

1°. On ne peut dire que Jéfus-Chrift ait voulu parler du mariage des chrétiens feulement, de ces mariages bénis par un prêtre, de ces mariages, dont le confentement libre formoit la bafe & que le facrement devoit abfolument fanctifier, car ces mariages n'exiftoient pas encore au moment où le Sauveur prononça ces paroles.

D'ailleurs, s'il n'eût été queftion que de ces mariages, Saint Paul ne fe fût pas contenté de dire, *fi l'infidèle fe retire qu'on le laiffe aller* ; mais il eût ajouté que le chrétien avoit auffi la liberté de fe retirer, puifqu'il n'exiftoit aucun mariage de ce genre, entre l'époux chrétien & l'époufe infidèle.

2°. Si Jefus-Chrift entendoit parler de toute efpèce de mariage contracté entre toutes fortes de perfonnes, foit chrétiens, foit juifs, foit gentils (& le contraire peut-il fe fuppofer?) deux époux formoient donc une feule & même chair, quelque religion qu'ils profeffaffent.

Et alors je demanderai, pourquoi en laiffant à l'infidèle la liberté de fe retirer, Saint Paul ajoute ; *mais fi l'infidèle fe retire qu'on le laiffe aller, car en ce cas notre frère & notre fœur n'ont plus d'engagement.*

Pourquoi, au contraire, Saint Paul ne dit-il pas, ,, ,, mais fi l'infidèle fe retire, les engagemens de l'époux ,, chrétien ne font pas rompus ; car en parlant des ,, époux l'écriture dit, & ceux qui étoient deux ne fe ,, ront plus qu'une chair ? ,, En voici la raifon. C'eft que cet Apôtre expliquoit & ne vouloit pas réformer la Loi.

Ah ! Théologiens, vous dont la rigueur furpaffe celle des préceptes de l'évangile ; vous dont le zèle outré détruit, par l'explication que vous en donnez, le fens de cette loi divine, vous qui, non-soumis au joug, cherchez à l'aggraver en rejetant le sens dans lequel les Apôtres ont interprêté cette loi, & en dénaturant celui de leurs épîtres; vous sentez sans doute maintenant combien vos argumens perdent de la force que vous leur supposiez, sur-tout lorsque vous lisez dans Saint Paul un autre verset qui démontre combien notre interprétation se rapproche du véritable sens.

Ne savez-vous pas, dit cet Apôtre (première aux Corinthiens, chap. 6. v. 16.) *que celui qui se joint à une prostituée devient un même corps avec elle, car ceux qui étoient deux ne seront plus qu'une même chair, dit l'écriture.*

Or pour expliquer ce passage dans un sens contraire au divorce, il faut que nos adversaires admettent que Saint Paul s'est trompé en citant l'écriture, ou qu'ils se trompent eux - mêmes en s'appuyant sur l'autorité de cet Apôtre.

Effectivement Jésus-Christ dit en parlant de l'homme & de la femme, & *ils ne sont plus deux, mais une seule chair* (St. Mathieu chap. 19. v. 6. St. Marc chap. 10 v. 8).

Saint Paul décide que celui qui se joint à une prostituée devient un même corps avec elle & il cite à l'appui ces mêmes paroles de l'écriture.

Si ces deux versets signifient la même chose, s'ils sont, tous les deux, vrais dans le même sens, l'écriture n'a donc voulu parler que de la liaison charnelle, & la comparaison de Saint Paul est juste; mais alors une seule chair sera composée, d'une part, du mari & de toutes les prostituées avec lesquelles il aura eu des liaisons, & de l'autre part, de la femme de ce mari & de tous les amans qu'elle aura favorisés; *car ne savez-vous pas que celui qui se joint à une prostituée devient un même corps avec elle, puisque ceux qui étoient deux ne seront plus qu'une chair, dit l'écriture.*

De combien de parties, grand Dieu! ce tout ne seroit-il pas composé? peut-on concevoir la monstruosité que cet ensemble présente, sans penser que l'homme sage lié, que la femme honnête jointe à une moitié compofée d'autant de portions, fe hâteront de fortir d'une telle fociété, & qu'ils fe croiront obligés de réclamer l'exception, que Saint Mathieu a retenu & que la Loi a indiqué pour terminer les peines de la vertu, que le malheur a unie pour un inftant au vice.

Ah! délivrez, délivrez-moi, vous diroit cette femme infortunée, du fort cruel d'être attachée pour toujours à un époux, qui entaffant crime fur crime ne peut former une feule chair avec moi qu'en joignant à moi une multitude de lambeaux informes; & s'il eft vrai, comme nous le dit l'Apôtre, que l'homme qui s'unit à des proftituées ne faffe qu'un même corps avec elles. s'il eft vrai que ces proftituées ne faffent qu'un même corps avec ceux qu'elles ont connus, délivrez moi du malheur de tenir en rien à cet affreux affemblage.

Un mari! vous dira, oui, je ne dois faire qu'un corps avec mon époufe, mais nous ne devons être que deux pour former ce tout; cette condition, qui fait la bafe du mariage, manque par le fait de la femme qui m'avoit promis de la tenir, & le divorce doit m'être permis dès que le lien qui m'attachoit eft rompu par l'adultère.

Si Saint Paul au contraire a pu fe tromper en comparant l'union d'un homme à une proftituée, à celle du mari & de la femme, portée dans l'évangile; alors le divin Légiflateur n'auroit donc entendu parler que d'un feul tout formé du corps des deux époux, par ce confentement mutuel de refter éternellement unis: l'union qui fuit ce confentement, cette union feule forme un engagement querien ne peut rompre, que le crime ou la mort.

Or quel eft ce crime? celui qui annonce qu'on ne tient plus fes engagemens, qu'on y a renoncé; celui qui féparant un des deux époux réunis pour l'attacher à un tiers ne fût-ce que pour un inftant, brife le contrat qui les lie, détruit l'effet d'une union, qui fi elle n'étoit refpectivement entretenue, formeroit au profit de l'époux vicieux un engagement contre lequel la nature & la raifon ne pourroient s'empêcher de réclamer : ah ! que cette réclamation auroit de poids, qu'il faudroit de la part du ciel une décision bien formelle, pour qu'on crût la divinité offensée pour avoir suivi de pareils guides. Mais, bien loin de là, cette religion divine nous annonce que dans le cas d'adultère ou faute grave contre la foi conjugale, on peut renvoyer sa femme, divorcier ; Saint Paul assure que l'époux de l'infidèle n'a plus d'engagemens, si ce dernier se retire, même sans annoncer que l'adultère doit avoir lieu dans le cas ; d'où il suit, que si l'adultère à lieu entre chrétiens, on peut divorcier. Telle fut la manière dont les douze premiers siècles de l'église ont entendu, ont expliqué & l'évangile & les épîtres, sens qui au surplus n'a jamais été condamné dans les siècles postérieurs. On voit par ce que nous venons de dire que quand les anti-divorciaires admettroient qu'un Apôtre a pu se tromper, sentiment dont nous sommes bien éloigné, cette supposition même ne prouveroit rien en faveur de leur système, & nous allons établir que l'Eglise pendant douze cent ans s'est refusée à l'adopter.

---

(1) Je ne me crois nullement obligé de répondre à un raisonnement que les anti-divorciaires emploient, en désespoir de cause, pour faire prévaloir leur opinion. Le mariage est un sacrement, disent-ils, & comme le dit St. Paul aux Ephésiens, chap. 5., v. 32, « ce sacrement est grand, je dis en » Jésus-Christ & en l'Eglise ».

Oui, c'est un sacrement, tout bon catholique en est persuadé ; mais voudroit-on conclure de là qu'il faut que l'un des deux époux soit mort pour qu'on l'accorde à celui qui survit ? Je ne vois rien qui en démontre la nécessité ? Le Baptême, la Confirmation & l'Ordre sont trois Sacremens ineffaçables : de nouveaux péchés nécessitent de recourir plus d'une fois à la pénitence, le désir d'obtenir plus de grace fait participer les fidèles à l'Eucharistie le plus souvent qu'ils le peuvent, enfin, le retour à la santé met le malade dans le cas de demander & d'obtenir, lors d'un nouveau danger, les secours de l'Extrême-Onction. Dans l'Occident, on accorde le Sacrement de mariage aux veufs qui convolent à

CHAPITRE III.

L'Eglise pendant douze siècles laissa subsister l'usage du Divorce & expliqua l'Evangile & les épitres dans le sens contraire aux anti divorciaires.

Si je considère les loix civiles, je trouve qu'elles ont admis le Divorce avant le Christianisme, qu'elles l'ont permis depuis, & que les Empereurs chrétiens ont tantôt augmenté, tantôt restreint les cas où les époux pouvoient demander & obtenir le Divorce.

L'histoire nous demontre que ces loix furent généralement usitées, qu'elles le furent sans réclamation, qu'elles furent suivies, tant dans l'Eglise latine que dans les Eglises Grecque, Syriaque & Alexandrine. Si le Divorce fut moins en usage pendant les douze premiers siècles du Christianisme que la séparation ne l'est maintenant, les historiens nous en ont conservé pendant ce laps de temps des exemples ; & ces exemples sont assez fréquens pour ne pas nous laisser croire que la désuétude d'une loi non revoquée, avoit tenu lieu d'une défense formelle d'en user.

On reproche en général aux Auteurs qui traitent cette matière de ne citer pour exemple que des têtes couron-

---

de nouvelles nôces, les dixièmes ne sont pas plus défendues que les secondes : dans l'Orient, on ne bénit pas au-delà des quatrièmes ; mais on ne refuse pas ce Sacrement aux deux époux qui ont divorcié, peut-on refuser cette consolation à ceux des chrétiens qui sont dégagés d'un lien que le crime a rompu, d'un lien qui, en faisant leur malheur dès cette vie, les eût conduits à une perte éternelle par le désespoir & par le desir d'une mort nécessaire à leur bonheur ? peut-on le refuser aux Chrétiens, qui, lorsqu'ils n'ont plus d'engagemens, sont obligés d'en contracter de nouveaux pour n'être pas exposés à des fautes aussi graves que l'adultère, à des fornications qui ne sont pas moins défendues par la Loi ? & ne vaut-il pas mieux les laisser se remarier, que de les obliger à brûler de ces feux impurs dont le danger est terrible, & dont la contagion est si facile ?

nées ; ils ne peuvent citer que les faits dont les hiftoriens nous ont confervé la mémoire ; ceux-ci ont fait note des divorces des princes comme ils ont fait celles de leur naiffance, de leurs mariages & de leur mort. Il eft rare qu'ils aient marqué ces différentes époques pour les particuliers dont ils ont rapporté quelques actions. Le Divorce étoit permis, il n'étoit point extraordinaire de voir en ufer, & celui des particuliers influoit peu fur les intérêts des Nations dont les annaliftes écrivoient l'hiftoire.

A cette réflexion on peut ajouter qu'ils ont fuffifamment confervé la preuve de ce fait, fur-tout fi l'on confidère, 1°. que le peu qu'ils en ont dit eft fuppléé par les loix civiles dont le texte nous a été confervé ; 2°. que les Conciles, en tonnant contre l'abus de la Loi, n'ont jamais anathématifé la Loi ; enfin, que dans le nombre des princes remariés après un divorce, & du vivant de leurs époufes, il en eft plufieurs (1) mis au nombre des faints & révérés comme tels., tandis que l'Eglife n'a canonifé qu'un feul martyr de la chafteté anti-divorciaire, qui fut affaffiné en 760 par l'ordre de fa femme, pour s'en être féparé de corps & de biens, fans avoir voulu lui rendre la liberté après laquelle elle foupiroit.

Indépendamment de l'autorité que le culte public accordé par l'Eglife à plufieurs de ceux qui ont fait ufage du divorce ajoute a ces preuves, je parcours les annales du Chriftianifme, & je juge par fes Conciles, par les décifions des Pères de l'Eglife, & par les Auteurs Eccléfiaftiques qu'on n'a jamais décidé comme un article de foi que le Divorce fût défendu & que la difcipline a varié fur ce point. Perfonne ne fera étonné de ce que

---

(1) Dagobert Roi de France, Gontran Roi de Bourgogne & d'Orléans, Charlemagne Empereur d'Occident, font fur la lifte des Saints ; des Chapelles leur font dédiées ; plufieurs ont des offices particuliers ; & St. Gengoul eft le feul qui ait quitté fa femme fans divorcier & qui ne fe foit pas remarié.

la difcipline varie avec les mœurs, tandis que la foi, ce qui en eft réellement, ce qui a été décrété tel refte intact; c'eft auffi de cette dernière feule que le divin Légiflateur parle lorfqu'il dit; *le monde paffera, mais mes paroles ne pafferont pas.*

Mais ce qui paroîtra peut-être étonnant à quelques lecteurs, c'eft que la difcipline ait eu des époques auffi marquées que celles que je vais déterminer.

1ere. Difcipline de l'Eglife perfécutée fous le règne des Empereurs payens.

2e. Difcipline de l'Eglife triomphante avec les Empereurs Chrétiens.

3e. Difcipline de l'Eglife foumife, après l'irruption des Barbares.

4e. Difcipline de l'Eglife régnante avec les Princes convertis.

5e. Difcipline de l'Eglife féodale au moment de l'établiffement de la Nobleffe.

6e. Difcipline de l'Eglife dominante fur les puiffances féculières.

7e. Difcipline de l'Eglife fouillée par les intrigues de fes Prélats, depuis cette époque jufqu'au Concile de Trente.

C'eft cette dernière feule dont on peut nous objecter l'autorité,

PREMIÈRE ÉPOQUE.

Depuis les Apôtres jufqu'au règne de Conftantin.

PREMIER SIÈCLE.

Intraitables fur le dogme, les premiers Chrétiens, par leur manière de vivre, fe firent admirer, même par leurs perfécuteurs.

Les loix civiles permettoient le Divorce, & en difant *anathême* à ceux qui adorent *Jupiter & Venus*, les premiers Chrétiens ne dirent pas anathême à ceux qui permettent, à ceux qui accordent, à ceux qui usent du Divorce.

Il étoit rare sans doute que les Chrétiens eussent recours à ce remède extrême, un seul cas, (celui de faute grave contre la chasteté conjugale Πορνέια.) pouvoit y donner lieu d'après l'Evangile. Comment à la naissance du Christianisme le Divorce eût-il été commun parmi les fidèles ? Modèles de patience en tout, comment des époux Chrétiens n'eussent ils pas respectivement mis en usage cette vertu dans leur propre ménage ? la crainte d'être persécutés, d'être suppliciés devoit toujours tenir unis ceux qui n'ayant qu'un esprit & qu'une ame (1) avec tous leurs frères, n'avoient qu'un cœur, & ne formoient qu'un seul corps avec des épouses qui leur ressembloient. La chasteté, l'honnéteté étoient les vertus des hommes & des femmes. Il y avoit eu un incestueux dans l'Eglise de Corinthe, l'Apôtre recommanda, après qu'il eut renoncé à son péché, de le traiter avec charité ; mais rien ne nous prouve que, pendant le premier siècle, il y ait eu dans les ménages chrétiens, des adultères, des fautes graves contre la chasteté conjugale, qui seules pouvoient donner lieu au Divorce permis par l'Evangile.

Dans les mariages, si les conjoints étoient de religion differente, ou l'infidèle quittoit la femme chrétienne, ou en adorant ses faux dieux, il se félicitoit d'avoir une femme modeste, patiente, laborieuse & fidèle, quoiqu'elle eût, suivant lui, le malheur de ne pas croire à la chaste *Lucine*, & de ne pas la remercier de la naissance de ses fils.

Les Payens adoroient des dieux adultères, des déesses

----

(1) Toute la multitude de ceux qui croyoient n'étoit qu'un cœur & qu'une ame ; aucun d'eux ne consideroit ce qu'il possédoit comme étant à lui seul ; mais tout étoit commun entr'eux, St. Luc, Actes des Apôtres, chap. IV, v. 32.

impudiques ; mais pour être Chrétien, il falloit renoncer au culte de ces faux dieux, & ne pas les imiter: l'Eglise n'admettoit pas ou rejetoit de son sein ceux qui se rendoient coupables des crimes que la mithologie avoit en quelque sorte divinisés; alors, sans doute, il ne pouvoit exister des causes de Divorce.

(*Année* 91). Qu'on ne nous cite donc point comme une autorité contre le Divorce, le livre du *Pasteur* composé par *Hermas*.

Dans cet ouvrage ascetique, l'Auteur suppose qu'il fait des questions à un ange, & que ce dernier lui répond que « si la femme persévère dans ses désordres, le » mari *doit la renvoyer ;* mais que si l'ayant fait, il en » épouse une autre, il devient lui-même adultère ».

Quoi ! le mari *doit* renvoyer sa femme si elle est coupable, il *doit* la renvoyer, si elle persévère dans le crime, & lorsqu'il fait ce qu'il *doit*, Hermas suppose qu'après lui avoir donné par le renvoi la possibilité de continuer ses désordres, il doit rester dans une viduité perpétuelle, sous peine d'adultère. Ah ! Disciples de Jésus, que vous eussiez eu raison de trouver dure la loi de ce divin Maître, si la règle qu'Hermas prescrit aux maris eût été celle que Jésus vous annonçoit..... vous l'eussiez trouvée plus que dure, elle vous eût paru injuste.

L'Auteur poursuit & demande à l'Ange : « Mais si la » femme fait pénitence, ne sera-t-elle pas reçue par son » mari ? » Et il prétend que l'Ange répliqua : « Il doit » la recevoir, *mais non pas souvent* ».

De tels avis ne pouvoient être que les conseils d'Hermas ; cet Auteur faisoit tenir à l'Ange le langage de son propre cœur, & non celui de la loi que nous avons rapportée. Ce dernier avis sur-tout, dont on ne trouve nulle trace dans l'Evangile, est opposé à la saine morale, avoir reçu sa femme, *mais non pas souvent*, l'avoir reçue avec cette tiédeur qui annonce le dégoût, avec ce froid qui répugne à une ame sensible, avec cette

réserve

réserve qui excite le defir plutôt qu'elle ne le fatisfait, & qui fait naître les befoins plutôt qu'elle ne les calme, tels avoient peut-être été les torts du mari & les caufes du défordre de la femme.

L'explication du devoir des époux donnée par St. Paul eft bien éloignée du fyftême d'*Hermas*, lorfque cet Apôtre dit : « Que le mari rende à la femme ce qu'il lui doit, » & la femme ce qu'elle doit à fon mari. *Ne vous re-* » *fufez point l'un à l'autre le devoir, fi ce n'eft du con-* » *fentement de l'un & l'autre* pour un temps, afin de vaquer » à la prière, & enfuite vivez enfemble comme aupa- » ravant de peur que votre incontinence ne donne lieu » à Satan de vous tenter ». (*Première aux Corinthiens,* chap. 7, v. 3 & 5.)

Hermas peut-il raifonnablement confeiller de laiffer à une pénitente chancelante l'occafion d'être tentée, tandis que l'Apôtre le plus exigeant des femmes, dit aux maris de leur éviter la poffibilité de la tentation ?

La réflexion que me fournit Hermas, dont le fecond confeil diffère autant de celui de l'Apôtre, que le premier eft éloigné de l'Evangile, ne me laiffe point du tout m'étonner de ce que fi quelques dévots ont regardé le livre de cet auteur comme infpiré, l'Eglife n'ait point adopté ce fentiment.

Et m'eût-on prouvé qu'au lieu d'une fiction, un pro- dige réel eût fait paroître un Ange, & que cet Ange eût fait de pareilles réponfes à Hermas, d'après ce que je lis dans St. Mathieu, je dirois : « un Ange defcendu » du ciel eft venu annoncer un Evangile différent de » celui de Jéfus »; & j'ajouterois avec St. Paul : « que » cet Ange foit anathême. »

(*An.* 100.) Je rapporte à la dernière année de ce fiècle, parce qu'elle eft celle de la mort du Pape St. Clément, & les Conftitutions apoftoliques & les Canons des Apôtres, que la tradition , malgré quelques Ecrivains , nous assure être son ouvrage.

L'Auteur du Divorce porte la date des Constitutions apostoliques à l'année 176 , M. de Rastignac prétend qu'elles sont moins anciennes: en supposant qu'ils eussent raison l'un & l'autre , ma preuve seroit reculée de quelques années , mais ne seroit pas détruite. Malgré toutes les raisons que je puis donner pour démontrer que les Canons ont été arretés sous l'apostolat de St. Clément , & que les constitutions leur sont antérieures , j'abandonnerai volontiers l'époque de leur collection , mais non l'interprétation du texte.

Canons des Apôtres.

Le 48e. canon porte : « Si quelque laïc renvoyant sa » femme , en épouse une autre , ou s'il épouse une femme » renvoyée par un autre, qu'il soit privé de la Communion ». (Conciles du père Labbe , tom. I , pag. 52 ; Hardouin , tom. I , pag. 38.)

Ces expressions générales , suivant M. l'Abbé de Rastignac , *ne permettent au mari de renvoyer sa femme dans aucun cas ; elles n'exceptent point , dit-il, le cas de l'adultère.*

Ce raisonnement ne me paroît nullement concluant.

Le 6e. Canon défend à l'Evêque & au prêtre *de renvoyer sa femme sous prétexte de Religion.* (Labbe , *ibid.* , pag. 48 ; Hardouin , pag. 33.)

Le 18e. Canon dit qu'*on ne peut* élever au ministère sacré celui qui a *épousé* une veuve, *une répudiée* , une courtisanne , une esclave ou une comédienne. (Labbe , *ibid.* , pag. 49 ; Hardouin , pag. 34.)

La veuve n'étoit point regardee comme infame , la divorciée est mise immédiatement après celle-ci & avant toutes celles dont l'etat pouvoit être regardé comme déshonnéte ; il étoit donc permis à tout Chrétien d'épouser une veuve , d'épouser une femme divorciée , mais leur mari ne pouvoit entrer dans l'ordre du Sacerdoce.

Les expressions générales du Canon 48, dit M. de Raftignac, *ne permettent au mari de renvoyer sa femme dans aucun cas; elles n'exceptent point le cas de l'adul-*tère. Et pourquoi? C'est parce que l'exception étoit inutile dans un Canon où il n'étoit pas question du Divorce pour cause d'adultère; car l'Evangile permet de renvoyer son épouse dans ce cas, l'Evangile ne défend pas d'épouser la femme renvoyée pour ce fait, .& le Canon 18 ne fait tomber la défense d'épouser des femmes répudiées que fur ceux qu'on voudroit élever aux ordres facrés; il le fuppofe donc permis à tout autre.

« *Mais il eft ordonné au mari*, ajoute-t-il, *de renvoyer fa femme de manière qu'il n'en époufe pas une feconde* ». Quoique pour ce dernier fait M. de Raftignac cite St. Jérôme, une autorité auffi refpectable ne me perfuadera pas; car je répondrai: Quoi! une femme chrétienne eft renvoyée par fon mari infidèle, cas non prévu par l'Evangile, le chrétien qui l'époufe ne peut être ni Evêque, ni Prêtre, ni Diacre; mais fi le laïc même n'eût pû l'époufer, à quoi donc eût fervi la perminffion que l'Apôtre donne & au mari fidèle & à la femme fidèle abandonnés par l'époux infidèle, lorfqu'il dit : « Mais fi l'infidèle fe, retire, qu'il » fe retire, car un frère & une fœur (un Chrétien & » une Chrétienne) ne font pas affujettis à la fervitude » *en cette rencontre*; mais Dieu nous a appelé pour vivre » en paix ».

Délaiffés par l'infidèle, ces maris chrétiens, ces femmes chrétiennes n'*auroient-ils pas été affujettis à la fervitude*, fi un veuvage éternel eût été la feule confolation que l'Apôtre leur eût préfenté, & le feul remède qu'il eût offert à leurs befoins, befoins qu'il croyoit bien preffans & bien difficiles à furmonter, lorfqu'il difoit qu'*il vaut mieux fe marier que de brûler?*

Je me fuis fervi des mots *en cette rencontre*, parce qu'ils fe trouvent dans la vulgate; le texte grec préfente un fens bien plus étendu, puifqu'il porte *en de tels & fem-*

blables cas, ce qui fait juger que l'Apôtre n'entendoit pas parler de l'espèce feule qu'il fuppofoit.

Non, il n'avoit point entendu priver d'une feconde union l'homme qui, d'après l'avis du fage, ne pouvoit garder une femme coupable, l'homme auquel l'Évangile avoit permis de renvoyer une femme adultère, il n'avoit pas même entendu condamner à brûler éternellement d'un feu illégal la partie criminelle & repentante.

« Je vous ai mandé, dit-il, de n'avoir aucun commerce » avec les impudiques, ce que je n'entends pas des impu- » diques de ce monde. . . . autrement il faudroit que » vous fortiffiez du monde »; (1ᵉʳᵉ. aux Corinthiens, chap. 6, v. 9 & 10).

Un époux chrétien devoit donc répudier une femme coupable; une époufe fidèle devoit donc divorcier & n'avoir plus de communication avec fon époux adultère. La loi étoit plus impérieufe encore fi le criminel étoit chrétien; mais jamais, dans aucuns des cas préfuppofés, le Canon que nous venons de citer ne dut fervir de preuve à l'opinion des anti-divorciaires.

On en fera parfaitement convaincu, fi on rapproche des Canons des Apôtres les conftitutions apoftoliques qui leur font anterieures.

Conftitutions apoftoliques.

Si on fuit l'avis de ceux qui foutiennent que les conf-titutions apoftoliques font de St. Clément, ainfi qu'il le paroît par les mots, *finis conftitutionum apoftolorum per S. Clementem catholica doctrinæ*, qui fe trouvent à la fin de leur recueil, on pourra croire qu'elles font antérieures aux Canons des Apôtres. Si on admet cette opinion qui me paroît la mieux prouvée, on fera facilement perfuadé, par le nombre de livres qui forment les conftitutions apoftoliques, que c'eft de celles-ci dont il eft parlé dans le 84ᵉ. Canon, où, en faifant l'énumé-ration des livres faints, on ajoute à ceux que nous con-

noiſſons, *Clementis Epiſtolæ duæ & ordinationes vobis Epiſ-
copis per me Clementem in octo libris editæ, quæ non ſunt
omnibus divulgandæ propter ea quæ ſunt in eis myſtica* ;
& les ordonnances qui ont été recueillies pour vous
(ſeuls) Evêques, par moi Clément, (ordonnances)
dont il ne faut pas donner connoiſſance à tous (les autres)
à raiſon des choſes myſtérieuſes qu'elles renferment.

Hermas (1) n'étoit pas Evêque ; Hermas n'ayant donc
nulle connoiſſance des Conſtitutions apoſtoliques &
des choſes myſtérieuſes qu'elles renfermoient, n'a pû
faire dire à ſon Ange la déciſion apoſtolique qui ſe trouve
en ces termes rapportée par St. Clément, l. 6, chap. 14.

« C'eſt pour cela qu'aſſemblés maintenant, nous Pierre,
» André, Jacques & Jean, fils de Zébédée, Philippe,
» Barthelemi, Thomas & Matthieu, Jacques, fils d'Al-
» phée, & Lebbœus, ſurnommé Thomas, Simon le
» Cananéen, & Matthias qui a été élu à l'apoſtolat en
» place de Judas, Jacques, frère du Seigneur, Evêque
» de Jéruſalem, enfin Paul, Docteur des Nations &
» vaſe d'élection, nous tous réunis, nous vous avons
» écrit cette Doctrine catholique, afin de vous éclairer
» & de vous confirmer, vous à qui l'épiſcopat a été confié ;
» dans laquelle Doctrine nous vous expoſons qu'il n'y a
» qu'un ſeul Dieu tout-puiſſant, & qu'excepté lui il n'en
» eſt aucun autre ; qu'il faut lui rendre hommage &
» l'adorer par Jéſus-Chriſt notre Seigneur dans le St. Eſ-
» prit ; qu'on doit agir ainſi qu'il eſt marqué dans les
» ſaintes Ecritures, la loi & les prophètes, honorer ſes

______

(1) J'aurois pû dire que quelques Ecrivains ſoutiennent auſſi
que le livre attribué à Hermas n'eſt pas de lui, qu'il n'a été
compoſé au plutôt que dans le ſecond ſiècle, & que le but de
l'Auteur, tel qu'il ait été, étoit de répondre aux Montaniſtes,
dont le chef qui étoit Eunuque, exigeoit de ſes Sectateurs une
auſtérité de mœurs étonnante, condamnoit les ſecondes noces,
& permettoit à peine les premières ; mais il me ſuffit, quel qu'ait
été ſon but, d'avoir montré que le ſentiment d'Hermas étoit
celui d'un particulier.

L 3

» parens, fuir toute mauvaise action, croire la réfurrec-
» tion & le jugement, attendre une récompenfe, ufer
» de toutes les viandes avec actions de graces comme
» créées par Dieu, & dans la nature defquelles il n'exifte
» aucuns vices, époufer légitimement fa femme, car de
» cette manière les noces ne font nullement repréhenfi-
» bles, puifque la femme fut préparée par Dieu même
» pour l'homme, & que le Seigneur dit : *celui qui a*
» *fait dès le commencement l'homme & la femme, les a faits*
» *& a dit : pour cela l'homme laiffera fon père & fa mère*
» *& s'attachera à fa femme, & ils feront deux dans une*
» *feule chair.* C'EST POURQUOI APRÈS LE MARIAGE IL N'EST
» PAS PERMIS DE REJETTER UNE FEMME NON-COUPABLE.
 » Il eft dit encore ; *vous garderez celle qui a mérité vos*
» *bonnes graces & qui a poffédé votre amitié. Vous n'aban-*
» *donnerez pas la femme de votre jeuneffe, car elle eft*
» *une partie de votre vie & une portion de votre efprit ;*
» *c'eft moi qui l'ai fait & non un autre ;* car le Seigneur
» dit, *que l'homme ne fépare pas ce que Dieu a uni.*
» L'époufe eft ainfi la compagne de la vie, unie par Dieu
» (avec l'homme) pour ne former de deux (corps) qu'un
» feul corps ; celui donc qui divife *de nouveau* ce corps
» en deux eft l'ennemi de l'ouvrage de Dieu & eft l'ad-
» verfaire de fa divine providence : DE MÊME CELUI QUI RE-
» TIENT CELLE QUI A VIOLÉ LA LOI DE LA NATURE, EST (lui-
» même) LE VIOLATEUR DE LA LOI, ainfi qu'il eft écrit,
» *celui qui retient une adultère* EST UN FOU ET UN IMPIE :
» RETRANCHEZ-LA DE VOTRE CHAIR, dit le Seigneur ; CAR
» CELLE QUI A TOURNÉ SES VOEUX VERS UN AUTRE HOMME,
» N'EST PLUS PROPRE A VOUS AIDER, MAIS ELLE L'EST A
» VOUS TENDRE DES EMBUCHES. » Labbe, tom. I. p. 389.
Que peut-on de plus pofitif ? que peut-on de plus
conforme à la loi de l'Evangile ? quelle eft cette morale ?
fut-elle jamais anathématifée ? Si St. Clément a recueilli
cette décifion de tant d'Apôtres réunis, peut-on dire
que les Canons des Apôtres, poftérieurs à ces conftitutions,
d'après ce que nous avons dit, combattent cette décifion?

Puis-je avoir à me reprocher de foutenir ce fentiment ?

Si on prétend au contraire que les conftitutions apoftoliques font poftérieures aux Canons des Apôtres, que St. Clément n'en eft pas l'auteur, elles prouveront que dans un temps plus reculé, que dans le fecond, le troifième & le quatrième fiècle, l'indiffolubilité du mariage étoit reconnue comme dans le premier, & qu'on reconnoiffoit auffi que l'adultère violoit le droit de la nature, retranchoit de la chair la moitié qui y avoit été jointe, féparoit (1) ce que Dieu avoit uni, rompoit le lien du mariage : enfin que la tradition affuroit que les Apôtres avoient ainfi décidé cette queftion.

Mais les adverfaires du Divorce n'attaquent pas l'antiquité des conftitutions par des raifonnemens. M. Hennet, Auteur du livre du Divorce, n'avoit pas fait attention à ce que les conftitutions étoient rappelées dans les Canons apoftoliques, & il les a fuppofés être de l'année 176. M. l'Abbé de Raftignac fe contente de dire, pag. 159, qu'elles font moins anciennes que ne le dit M. Hennet : il ajoute, pag. 161, « que les Canons des Apôtres ont au moins » autant d'autorité dans l'Eglife, *fur-tout les cinquante* » *premiers*, que les conftitutions apoftoliques ». Je ne vois pas pourquoi il préfère les 50 premiers aux autres, à moins qu'il n'ait voulu, pour fe fervir avec plus d'avantage du Canon 48, affoiblir la confiance également due au 84ᵉ. (2), qui prouve, évidemment, felon moi, que le re-

---

(1) C'eft ce que portent ces mêmes conftitutions, l. 6, chap. 27. « Ce n'eft pas par la volonté de Dieu qu'arrive l'union qui eft » contraire à la nature & celle qui eft contraire à la Loi. . . . . » celle qui eft contre la loi eft l'adultère & la fornication, celle » qui offenfe la nature eft une impiété, celle qui bleffe la Loi » eft une injuftice & un péché. . . . . Ceux qui fe rendent cou- » pables de la feconde font une injure à des étrangers, lorfqu'ils » violent les mariages des autres, qu'ils divifent en deux *ce que* » *Dieu avoit uni en un*, qu'ils rendent les enfans fufpects, & » qu'ils expofent le mari légitime à des dangers ».

(2) M. l'Abbé de Barruel, dans fon écrit intitulé, *les vrais*

cueil des Conſtitutions apoſtoliques a précédé les Canons des Apôtres.

·Au ſurplus, toute ſa défenſe ſur les Conſtitutions apoſtoliques ſe réduit à dire, pag. 180, que ces paroles, *que l'homme ne ſepare pas ce que Dieu a uni*, condamnent le Divorce ; que celles-ci, *retranchez la femme adultère de votre chair*, n'expriment que la ſéparation du lit & de l'habitation : je crois M. de Raſtignac de bonne foi ; mais je ne vois rien de moins raiſonnable & de moins prouvé que cette interprétation. Je remarquerai enfin que les déciſions des Canons ſont laconiques, que les Conſtitutions ſont au contraire très-étendues, que les Canons ſemblent être l'abrégé des Conſtitutions, que les Canons portent que les Conſtitutions ne doivent pas être entre les mains de tout le monde, ſans doute pour prévenir l'abus qu'on eût pû faire des exceptions aux règles : d'après ces réflexions je laiſſe les lecteurs juger entre M. de Raſtignac & moi ; & je prie ceux qui ſe décideroient pour ſon ſentiment, malgré la lecture du texte & ce qui a précédé, de lire ce qui va ſuivre.

˙ S E C O N D   S I È C L E.

Mêmes vertus & par conſéquent mêmes nullités de motifs pour le Divorce dans les premières années. Cependant ce ſiècle en fournit des exemples, & on ne nous oppoſe que le ſentiment des apologiſtes de la Religion chrétienne ; nous répondrons aux inductions qu'on tire de leurs expreſſions ; mais nous continuerons de ſuivre l'ordre des faits.

(*Année* 101.) Pline le jeune, Gouverneur de la Bythinie, où St. Pierre avoit annoncé la foi, étoit embarraſſé ſur la conduite qu'il devoit tenir envers le grand nombre de Chrétiens qu'il y trouva. Dans la lettre qu'il écrivit à ce ſujet à l'Empereur Trajan, il ne put s'empêcher de

---

principes du Mariage, page 26, cite, non-ſeulement le Canon 48, mais auſſi le 67. Rien n'eſt plus plaiſant que de vouloir battre ſon adverſaire avec les armes dont un ſecond v.ent de le priver.

rendre juſtice à la ſageſſe des Chrétiens & à la pureté de leurs mœurs : la ſeule faute qu'il leur reproche & qu'il qualifia de ſuperſtition exceſſive, conſiſtoit, ſelon lui, à s'aſſembler en un certain jour, avant le lever du ſoleil, à dire enſemble à deux chœurs un cantique en l'honneur du Chriſt comme d'un Dieu, à s'obliger par ſerment, non à aucun crime, mais à ne commettre ni larcin, ni vol, *ni adultère*, ne point manquer à leur parole, & ne point dénier un dépôt, à prendre en commun un repas ſimple & innocent. Il ajoute qu'ils ont même ceſſé de le prendre enſemble depuis qu'on leur a défendu les aſ-ſemblées.

Ils s'obligeoient par ſerment à ne pas commettre d'adultère ; s'ils tenoient ce ſerment, pouvoit-il y avoir lieu au divorce ?

Mais en peu d'années les mœurs s'altèrent, & nous trouvons un premier exemple du Divorce avant le milieu de ce ſiècle ; c'eſt la capitale & de l'Empire & de la Religion qui nous le fournit.

(*Année* 161.) M. Hennet rapporte, ſous cette date, un fait dont M. de Raſtignac trouve la narration dans la première apologie de St. Juſtin ; cet ouvrage fut écrit en 150 ; le fait eſt donc antérieur à cette année.

St. Juſtin, dans ſa première apologie pour la Religion chrétienne, nous raconte qu'une femme, convertie au Chriſtianiſme, ayant fait tous ſes efforts pour retirer ſon mari des déſordres auxquels il ſe livroit en toute manière contre les loix de la nature (1), & n'ayant pû y réuſſir, elle ſe réſolut enfin de le quitter. Ses parens ſuſpendi-rent pour quelque temps l'exécution de ſon deſſein ; mais

---

(1) Ces mots, *contre les loix de la nature*, peuvent s'entendre même du ſimple adultère, ſuivant le ſentiment des Apôtres que nous avons rapporté : *Similiter qui retinet eam quæ legem naturæ vio lavit, légis violator* ; celui qui retient celle qui a violé la loi de la nature, (par l'adultère) eſt lui-même le violateur de la Loi.

ayant appris que son mari, depuis qu'il étoit allé à Alexandrie, vivoit encore plus licencieusement, & craignant que si par la suite elle partageoit avec lui son lit & sa demeure, elle ne devînt complice de son impiété, *elle lui envoya le libelle que vous appelez de répudiation, & se sépara de lui.* « Ce mari la déféra comme chré-» tienne, & son Catéchiste ayant été conduit au sup-» plice, elle se prépara au même honneur du martyre ». Je conviens avec M. Duguet que, « cet exemple nous fait » voir que les femmes chrétiennes pouvoient quitter » leurs maris pour la raison qui est dans l'Evangile » ; mais je ne croirai pas avec lui, sur de simples apparences, qu'elles ne pussent pas se remarier.

« Cette femme, dit St. Justin, envoya à son mari le » libelle que vous appelez de répudiation ».

Qu'étoit l'effet du libelle de répudiation ? rompre le mariage, le dissoudre & laisser libre chacune des parties d'en contracter un autre ; tel étoit l'effet de ce libelle d'après la loi civile. Tel étoit l'objet de celui des Juifs condamné par Jésus-Christ, excepté dans le cas d'adultère. D'après la narration des faits, c'est cette exception, dont cette femme chrétienne a usé, & M. de Rastignac ne persuadera à personne de sensé, qu'elle ait, comme il le dit, pag. 258, pû répudier son mari, sans vouloir rompre le lien conjugal.

Je vois dans ce fait une femme emportée par un zèle qu'elle crut saint ; elle se sert du bénéfice de la Loi pour quitter son mari qui lui est infidèle, & qui, à cet affront, joint un libertinage outré.

Elle le répudie & s'en sépare ; St. Justin ne la blâme pas de l'avoir fait. Quelle autorité, quel avantage pour nous ! cette femme distingue ce qui étoit de précepte d'avec ce qui étoit de conseil, elle laisse subsister la Loi ; mais elle se sert de l'exception, & on ne le trouve pas mauvais, même dans le second siècle de l'Eglise ; au contraire, l'Apologiste de la Religion chrétienne semble devenir le sien.

M. de Raftignac ajoute à la vérité ; « fon mari étoit
» infidèle , elle étoit Chrétienne , elle auroit donc pû
» fe féparer de fon mari qui ne confentoit pas à habiter
» avec elle ». Je me permettrai , en foutenant que l'adultère
du mari pouvoit feul juftifier cette femme chrétienne ,
de lui repréfenter que ce fentiment n'eft pas fondé.

1°. St. Juftin ne dit pas que le mari ne vouloit plus habiter avec la femme dont il parle, il dit au contraire qu'elle
craignoit en partageant fon lit de devenir la complice de
fon impiété.

2°. Il falloit que l'adultère fubfiftât pour que cette femme
ne crut pas devoir fuivre l'avis de St. Paul, qui dit : « Tout
» ce qui eft permis n'eft pas expédient » , première aux
Corinthiens, chap. VI , v. 12. Si une femme fidèle a
» un mari infidèle, & qu'il confente de demeurer avec
» elle, qu'elle ne fe fépare pas d'avec fon mari ; le mari
» infidèle eft fanctifié par la femme fidèle ; fi l'infidèle
» fe retire, qu'on le laiffe aller ; *que favez-vous , femme,*
» *fi vous ne fauverez point votre mari* » ? ibid. chap. 7 ,
. 13 , 14 ; 15 & 16.

C'étoient donc des confeils que donnoit l'Apôtre , &
non un précepte qu'il enfeignoit, puifque cette femme ne
le fuivit pas.

Enfin M. de Raftignac appuie fon opinion de ce que
cette femme ne pouvoit fe remarier fur les paroles de
St. Juftin, *celui qui époufe une femme répudiée par un autre
devient conpable d'adultère ;* mais pouvoit - il ne pas fuppofer, *excepté dans le cas d'adultère* (1) , fans s'éloigner
du véritable fens de l'Evangile , fens bien confirmé par
les Conftitutions apoftoliques & les Canons des Apôtres,
qui, en éloignant feulement du Sacerdoce ceux qui avoient

-----

(1) C'eft dans cette même apologie que St. Juftin dit que
Socrate étoit chrétien , à juger de fa religion par la patience
avec laquelle il fupporta l'humeur & même les injures & les outrages de fa femme Xantippe ; aucun anti - divorciaire ne doit
blâmer St. Juftin de l'avoir cru.

contracté de pareils mariages, suppofent d'une manière évidente que cela étoit permis à tout autre Chrétien?

Sans cela tous les époux qui répudioient n'euffent-ils pas été féparés de la Communion? ils l'étoient dans ces premiers fiècles pour des fautes qui paroîtront bien moins graves fans doute aux yeux des anti-divorciaires, & nous verrons tout-à-l'heure un exemple de ce qu'ils ne l'étoient point lorfque l'adultère avoit été le motif du Divorce; ce qui prouvera parfaitement que le canon 48 n'avoit entendu parler que de ceux qui ufoient du Divorce fans caufe légitime.

(*Entre les années* 142 & 157.) Le Pape Pie I, dans fa quatrième épître, foumet à la pénitence celui qui a tué fon époufe, malgré la Loi, fans caufe & fans preuve, & qui enfuite en a époufé une autre: il n'eût donc pas été foumis à cette peine, s'il eût fubfifté une caufe & s'il eût eu une preuve du crime de cette femme.

(*Année* 177.) Áthénagore nous eft oppofé: voici fes paroles telles qu'elles font rapportées par M. de Raftignac.

« Que chacun de vous refte tel qu'il eft né, ou dans
» un mariage unique, car les fecondes noces font un
» adultère fpécieux, *decorum adulterium*; car le Seigneur
» a dit, *quiconque renvoie fa femme & en époufe une*
» *autre eft adultère*; ne permettant ni de renvoyer celle
» qu'on a époufée, ni d'en époufer une autre. »

Quelque refpect que j'aie pour un des premiers Apologiftes de la Religion chrétienne, je ne puis adopter comme preuve de ce qu'il eft mal de fe remarier après le Divorce, le témoignage d'un Auteur qui condamne les fecondes noces.

L'évangile fur lequel Áthénagore s'appuie n'a point parlé des fecondes noces, il n'a parlé que du Divorce dont l'adultère n'étoit point le motif.

Bien loin de défendre les fecondes noces, l'Apôtre les permet, & dit: « A l'égard des perfonnes qui ne font
» pas mariées ou qui font veuves, je leur déclare qu'il

» eſt bon de demeurer dans cet état comme j'y demeure
» moi-même ; s'ils ſont trop foibles pour garder la
» continence, qu'ils ſe marient ; car il vaut mieux ſe mâ-
» rier que de brûler. » *I.ere aux Corinth. c. 6, v. 8 & 9.*

Et ailleurs ; « j'aime mieux que les jeunes (veuves)
» ſe remarient, qu'elles aient des enfans, qu'elles gou-
» vernent leur ménage, & qu'elles ne donnent à nôs
» ennemis aucun ſujet de médire de nous » , *epître à Timothée, c. 5, v.* 14.

Cette oppoſition entre les leçons de l'Apôtre & les avis
d'Athénagore me prouve qu'avec de très-bonnes intentions
cet Apologiſte a donné dans les erreurs des Montaniſtes,
s'il a cru que l'uſage des ſecondes noces étoit oppoſé à la
Religion.

Il eût pû condamner les premières noces avec autant
de fondement que les ſecondes, puiſque celles-ci ſont
permiſes nommément ici, & qu'elles n'ont été condamnées
par l'Apôtre ni plus ni moins que celles ſuccédantes au
Divorce.

Mais ſi Athénagore, comme je le penſe, n'a voulu,
par les expreſſions dont il s'eſt ſervi, qu'exhorter à ne
pas convoler légèrement à de ſecondes noces, ſans cependant entendre les condamner ; alors, les termes dont
il s'eſt ſervi, quelque forts qu'ils paroiſſent, ne ſignifient
pas ce que les anti-divorciaires veulent y trouver.

Bien loin delà, cet Auteur ſera d'accord avec les Conſtitutions apoſtoliques ; elles portent :

« Il faut ſavoir que la monogamie, c'eſt-à-dire, le
» mariage ſimple (les premières noces), s'il eſt légitime
» eſt juſte & approuvé par Dieu ; que la bigamie qu'on
» contracte de nouveau après la promeſſe (qu'on a faite
» ſans doute d'être fidèle) eſt un crime, non pas à
» raiſon du mariage qu'on contracte, mais à raiſon du
» menſonge qu'on commet ; que le troiſième mariage
» eſt une indice d'intempérance ; que le quatrième ma-

» riage & ceux qui le fuivent font en entier un liber-
» tinage & une marque certaine d'impudicité ; car Dieu
» a donné une femme à l'homme lorfqu'il l'a créé, &
» il a dit ; ils feront deux dans une chair ». Cette opinion n'eft-elle pas femblable en tout à celle d'Athénagore ?
Mais on ajoute : « Il faut cependant accorder aux jeunes
» femmes un fecond mariage, lorfqu'elles ont perdu leur
» premier mari, de peur qu'elles ne tombent fous la puif-
» fance du diable & dans plufieurs dangers, & qu'elles
» n'éprouvent ces defirs trop violens & ces incommodités
» de l'ame qui leur caufent plutôt un véritable fupplice,
» qu'ils n'apportent de relâche à leurs maux ». *Conftit.*
apoftol. liv. III., chap. 2.

Or, je le demande à nos adverfaires, lorfqu'on pèfe
ces motifs, d'après lefquels on penche pour les fecondes
noces, lorfque ces motifs font dans le même corps de
loix où fe trouve celle par laquelle les Apôtres difent,
« *il n'eft pas permis de renvoyer une femme non-coupable.*
» *Celui qui retient celle qui* (en commettant un adultère)
» *a violé la Loi de la nature, eft* (lui-même) *le violateur de*
» *la Loi ;* » lorfqu'enfin on réfléchit que les mêmes craintes
qui décident en faveur des fecondes noces après le veuvage, doivent également décider en faveur des fecondes
noces après un Divorce confeillé dès les temps apoftoliques, & permis par la nouvelle Loi, comme il étoit
recommandé par l'ancienne, peut-on croire qu'Athénagore
ait voulu les condamner abfolument, ou fi on veut lui
fuppofer cette intention, peut-on ne pas croire qu'il s'eft
trompé ?

(*Année* 183.) Cette année eft remarquable par un fait
utile à la Religion : la fornication étoit févérement défendue par la Loi divine, fur-tout lorfqu'elle étoit jointe
à l'adultère. En blâmant Marcia d'avoir été la maîtreffe
de l'Empereur Commode, je ne puis cependant, ne
pas témoigner ma reconnoiffance, de ce que cette

Dame Romaine rendit fon amant plus favorable aux chrétiens, & procura, par ce moyen, à l'Eglife, une plus grande tranquillité.

TROISIEME SIÈCLE.

(*Année* 275 *à* 283.) Le troifième fiècle nous montre la Religion Chrétienne répandue dans tout l'Empire Romain & au-delà. Nous rencontrons des Chrétiens depuis la Grande-Bretagne jufqu'à la Perfe. Le nombre en étoit fi grand dans l'Empire, que s'ils s'étoient retirés en d'autres pays, ils n'auroient laiffé aux Romains qu'une affreufe folitude. Telles font les expreffions de Tertullien.

Les vertus des premiers Chrétiens & leur fang avoient produit ce nombre immenfe de fidèles.

L'hiftoire ne nous a point confervé dans ce fiècle d'exemples du Divorce ; mais on ne peut douter qu'il n'y en ait eu, & que l'Eglife ne les ait pas condamnés.

St. Clément d'Alexandrie, mort en 216, & qui par conféquent ne pouvoit fleurir en 220, comme le dit M. de Raftignac, s'explique ainfi : « L'Ecriture en con-
» feillant de fe marier, & ne permettant jamais d'aban-
» donner le mariage, a clairement établi la loi, ne ren-
» voyez point votre femme, *excepté pour la caufe de*
» *fornication.* »

Ce fentiment eft parfaitement conforme, & à l'Evangile & aux avis de St. Paul, « *ne renvoyez pas votre femme*
» (ne divorciez pas) *excepté pour la caufe de fornication*»;
c'eft la feule que Jéfus ait admife pour la diffolution du lien.

« Et l'Ecriture », ajoute-t-il, « regarde comme un
» adultère de s'unir par le mariage pendant la vie d'un
» des deux époux *féparés* » ; c'eft-à-dire, fans doute, féparés pour toute autre caufe que celle qui, en rompant le mariage, fait que le mari n'eft plus mari.

Telle est la seule manière dont ce passage de St. Clément peut être entendu par tous ceux qui ne voudront pas admettre que ce père de l'Eglise ait enseigné une morale contraire à celle de l'Ecriture, & même à celle de St. Paul, comme nous l'avons prouvé, chap. 2, page 152.

Si nous pouvions douter que tel fut le sentiment de St. Clément, Origène, son disciple, serviroit à nous décider.

« Je n'ignore pas, dit-il, que quelques Recteurs de
» l'Eglise ont permis, contre la Loi de l'Ecriture, à la
» femme de se marier, du vivant de son mari ; agissant
» en cela contre ce qui est écrit : *La femme est liée, tant*
» *que son mari vit ; elle sera appellée adultère, si son*
» *mari vivant, elle s'unit à un autre homme.* »

On voit ici que le génie ardent d'Origène, qui lui fit entendre trop littéralement un passage de l'Ecriture, & le porta à se mutiler, ne lui laisse pas distinguer ce qui paroîtra parfaitement distinct à tous ceux qui voudront conférer le texte de St. Matthieu avec celui de St. Paul. Oui, la femme est liée tant que son mari vit ; elle ne peut, sans être adultère, se marier à un autre homme pendant la vie de son mari ; mais pour cela il faut qu'elle ait un mari, il faut que son mariage subsiste ; or, elle n'a plus de mari quand son mariage est dissous ; le mari peut la répudier dans le cas de fornication, parce que de ce crime il résulte que le mari n'est plus mari.

Et l'usage étoit tellement constant à cet égard, qu'après avoir dit son sentiment, Origène n'ose condamner le sentiment contraire, qu'il l'excuse même, en disant ; « ce-
» pendant ils ne l'ont pas permis tout-à-fait sans raison,
» car il est vraisemblable qu'ils l'ont permis, contre la
» Loi portée au commencement & écrite, pour éviter de plus
» grands maux. »

Il va plus loin : après avoir dit que Jésus-Christ n'a accordé qu'à la seule fornication le droit de rompre le mariage, *connubii solvendi facultatem concedens*, il demande ;

mande; « fi on ne peut pas auffi renvoyer la femme qui
» emploie le poifon, qui tue un enfant d'elle & de fon
» mari, ou qui commet quelqu'autre meurtre, qui fpolie
» la fucceffion de fon mari », & il ne décide point,
mais il ajoute qu'il eft contre toute raifon de fupporter de
tels crimes qui font pires que l'adultère & la fornication,
*talia enim mulieris fuftinere peccata, quæ pejora funt adul-
terio & fornicationibus, irrationabile eft.*

Il ne décide point, parce qu'il n'ofe prendre fur lui
de dire, fur chacun de ces faits, ce que St. Paul a dit
au fujet de la différence du culte ; « *ce n'eft pas le*
» *Seigneur, c'eft moi qui leur dis . . . . ; mais fi l'infidèle*
» *fe retire, qu'il fe retire ; car un frère & une fœur ne font*
» *pas affujétis à la fervitude en cette rencontre (ou en de*
» *femblables cas, fuivant l'Hébreu.) »*

Il ne décide point, parce que s'il eût prononcé néga-
tivement, il eût été contre la loi civile qui régiffoit les
mariages, & qu'il fe fouvient du principe de l'Apôtre,
« *foyez foumis aux puiffances* » qui tiennent de Dieu même
l'autorité qu'elles exercent fur les contrats civils.

C'eft beaucoup fans doute pour la caufe du Divorce
qu'il ait pofé cette queftion fans la décider au for intérieur,
lorfque la Loi l'approuvoit : c'eft beaucoup plus qu'il ait
reconnu l'ufage de quelques Recteurs de l'Eglife ; mais
ne feroit-ce pas beaucoup davantage, fi, en parlant de
quelques Recteurs qui permettent à la femme de fe marier
du vivant de fon mari, il eût entendu parler feulement comme je le penfe, de ceux qui le permettoient
dans des cas femblables à ceux qu'il propofe & dont la
loi ne parle pas ; & non des Evêques, qui, en permettant
de fecondes noces aux époux feparés pour caufe d'adultère,
ne le permettoient pas *contre la Loi de l'Ecriture*, mais
conformément à l'Evangile.

Quelque favorable que puiffe paroître le témoignage
de Tertullien en faveur du Divorce, je me contenterai
de la reconnoiffance que M. de Raftignac veut bien nous

Obfervations fur le Divorce.　　　　　　　M

donner, de ce que cette lumière de l'Églife d'Afrique a admis (liv. 4. contre Marcion, chap. 34.), *que dans le cas unique de l'adultère., le Divorce rompt le lien conjugal, & autorife à contracter un autre mariage, & qu'il dit : qu'il n'y a aucune contradiction fur ce point entre J. C. & Moïfe; puifque l'un & l'autre n'ont permis le Divorce que dans le cas d'adultère.*

N'eft-ce pas reconnoître que tel étoit l'ufage de fon tems ? n'eft-ce pas reconnoître que toute l'Eglife d'Afrique entendoit ainfi St. Matthieu ? & tout ce qu'il auroit pu dire dans le livre qu'il compofa après être tombé dans l'héréfie des Montaniftes, n'eft plus de poids. « *Les Romains*, dit-il » dans ce dernier, *commettent des adultères, fans répudier ; » pour nous, quoique nous répudions, il ne nous fera » pas même permis de nous remarier.* » Ces derniers mots expriment le nouveau fentiment qu'il avoit réfolu de foutenir en adoptant l'erreur des Sectaires qui condamnoient les fecondes noces ; or, c'eft Tertullien orthodoxe dont j'invoque le témoignage, & c'eft Tertullien hérétique dont je repouffe le fentiment particulier.

Dans un ouvrage où ce Docteur n'adopta pas l'erreur des fecondes noces; mais, ou fes fentimens font conformes à ceux de l'Apôtre, dans le livre des confeils qu'il donnoit à fa propre femme, il l'engage ou à ne pas fe remarier, s'il la laiffe veuve, ou au moins à ne pas lui donner pour fucceffeur un infidèle.

« Paffons à la feconde partie de mes confeils, lui » dit-il ; dans le cas, où, cédant à la foibleffe humaine, » vous vous remarieriez, ne fuivez pas l'exemple de » celles qui, ayant recouvré, *par le Divorce ou par la » mort de leurs maris*, l'occafion de vivre dans la continence, non-feulement ont méprifé la commodité d'un » fi grand bien, mais encore ont oublié la difcipline » qui les obligeoit de ne fe remarier qu'en *Dieu* » ; paffage qui prouve clairement, comme l'obferve M. Linguet, que le Divorce rendoit aux premiers Chrétiens la même

liberté que la mort d'un des conjoints ; & qu'on se re=
marioit légitimement à l'instant où le Divorce étoit prononcé, Légitim. du Div., pag. 19.

Le sentiment de St. Clément d'Alexandrie expliqué
par le témoignage d'Origène, constate autant pour l'Église
d'Orient que l'aveu plus étendu de Tertullien, constate
pour l'Eglise d'Occident, que les secondes noces étoient
permises aux gens divorciés pour cause d'adultère dans le
troisième siècle.

Le Pape Eutychien, à la fin du même siècle, donne
cette décision : « Si, avant son baptême, un Païen a
» répudié une épouse païenne, il lui sera libre après
» son baptême ou de la reprendre, ou de ne pas la re=
» prendre. »

On doit se rappeler ici ce que nous avons dit, pag. 148.
Ce sentiment du Pape Eutychien n'est pas conforme à
celui de l'Apôtre qui laissoit à l'infidèle seul la liberté de
se retirer ; au surplus, ce Pape ne dit point que s'il ne
reprend pas sa femme, il ne pourra en épouser une autre.
Dans un siècle où l'on s'attachoit à montrer aux Gentils
combien les mœurs des fidèles étoient pures, il eût probablement ajouté cette défense, s'il n'eût pas été permis à un
Divorcié chrétien de se remarier.

Il dit ensuite : « de même, si l'un des époux est baptisé,
» que l'autre soit païen, & *qu'il ne veuille pas suivre* ;
» alors, comme le dit l'Apôtre, *si l'infidèle se retire,*
» *qu'il se retire.* »

Que veulent dire ces mots, s'il ne veut pas suivre ?
Est-ce s'il ne veut pas suivre l'époux chretien, s'il ne veut
pas habiter avec lui ? L'Apôtre est parfaitement de cet
avis. Seroit-ce *s'il ne veut pas suivre l'Evangile ?* sentiment adopté par les Théologiens modernes. Ce dernier
même ne paroît pas être celui de l'Apôtre ; mais il me
prouve que l'Eglise dès ce temps admettoit plusieurs motifs
de Divorce ; qu'outre l'adultère permis par l'Evangile
& l'abandon de l'époux infidèle autorisé par l'Apôtre,

elle admettoit auſſi la fuite de l'époux fidèle à raiſon du diſſentiment d'opinions religieuſes ; & je conclurai qu'il feroit abſurde de dire que dans le troiſième cas , dont ne parle nullement ni Jéſus-Chriſt dans ſon Evangile , ni les Apôtres dans leurs épîtres , il étoit permis aux divorciés de ſe marier, & que cette permiſſion doit leur être refuſée dans le premier de ces cas approuvé par Jéſus-Chriſt lui-même , & dans le ſecond, approuvé par St. Paul.

QUATRIÈME SIÈCLE.

Nous n'avons rien vu juſqu'ici de contraire au Divorce: Des loix eccléſiaſtiques , dès le premier ſiècle, ſont favorables à notre opinion, & un concours unanime de témoignages non-équivoques , nous aſſure que ce remède étoit d'un uſage conſtant & reconnu dans le troiſième ſiècle.

Nous n'avons rencontré à la vérité qu'un ſeul exemple de ce qu'il ait été pratiqué ; & par qui ? par une femme qui , dans le ſecond ſiècle , ſuivit l'impulſion du ſentiment ; l'extrême dégoût qu'elle reſſentit pour un mari, tout à-la-fois adultère, libertin & païen , lui inſpira plutôt cette idée que ſa Religion ne lui preſcrivit de la ſuivre ; elle la mit à exécution, malgré ſes parens , elle perdit en entier ſon mari, mais elle ſe procura l'honneur du martyre. Nous ne nous permettrons pas d'examiner ſi la patience ſoutenue par l'eſpoir de ſauver ſon époux de ſes vices, & de l'amener à la foi, patience ſi fort recommandée par l'Apôtre à l'époux fidèle , n'eût pas été auſſi méritoire. La palme que cette vertu unie à la charité lui eût fait obtenir , eût paru moins brillante aux yeux des hommes ; mais elle n'eût peut-être pas moins été recommandable aux yeux de Dieu. Telles ſont quelques-unes des réflexions que nous auroit fournies ce fait , ſi nous ne nous étions rappelé que quelquefois Dieu attire à lui par des voies extraordinaires. On peut en juger par la canonisation de St. Gengoult, comparée avec celles des Saints qui ont obtenu les mêmes honneurs, après avoir usé du Divorce.

Dès les premières années du quatrième siècle, deux époux chrétiens donnèrent le second exemple de cette dissolution du lien conjugal; ils avoient des enfans; malgré cela la femme fut répudiée, on ne nous dit pas que son mari l'eût accusée d'adultère, d'où il faut conclure, & que le mari avoit eu sans doute des motifs suffisans; car sans cela un chrétien eût-il pu divorcier? & que l'Eglise n'exigeoit, pas plus que la loi civile, la douloureuse confidence du motif du divorce; ce rapprochment de circonstances parut étonnant : mais ce qui parut plus singulier, fut, sans doute, de voir que cet homme eût remplacé l'épouse qu'il avoit renvoyée, par une femme adultère.

Et ce qui doit le paroître encore davantage à nos adversaires, c'est que cet homme n'est nullement blâmé, nullement excommunié, quoiqu'il nous ait donné la quadrupe preuve : 1°. de ce qu'un chrétien pouvoit rompre un mariage consommé & qui avoit produit des enfans; 2°. de ce qu'il n'étoit pas forcé de donner les motifs de son divorce; 3°. de ce qu'ayant renvoyé son épouse , & lui ayant donné le libelle de répudiation , il lui étoit libre de prendre une seconde femme, même pendant la vie de la première; 4°. enfin de ce qu'une femme adultère, renvoyée pour cette cause, pouvoit se remarier, & que l'Eglise ne privoit pas de la communion l'homme qui l'épousoit

Lorsqu'une cause se portoit au Tribunal des Chrétiens, « tout se faisoit à l'Eglise par conseil, parce qu'on ne » cherchoit qu'à y faire connoître la raison , la règle, la » volonté de Dieu (1) ». Il falloit, conformément à ce

____

(1) M. Fleury ajoute : « Les Apôtres avoient toujours de- » vant les yeux le précepte de Jésus-Christ , *de ne point*

que l'Apôtre marque à Timothée (première épître, chap. V, v. 10.), « que deux ou trois témoins fussent » entendus pour recevoir l'accusation contre un prêtre. »

On n'admettoit à porter témoignage dans le Tribunal chrétien, ni les païens, ni ceux qui étoient séparés de la Communion ; les Constitutions des Apôtres, liv. 2, chap. 49, vouloient même *que les Fidèles appelés en témoignage fussent doux & non-colères*, qu'ils fussent *justes*, *bienveillans*, *tempérés*, *continens*, qu'ils ne fussent *pas malicieux*, *mais qu'ils fussent fidèles & pieux.*

A entendre les anti-divorciaires, & sur-tout M. l'abbé de Barruel, qui croiroit qu'un divorcié auroit quelques-unes de ces vertus requises pour être admis en témoignage ? Qui ne penseroit qu'un divorcié, dans les premiers siècles, étoit toujours excommunié, sur-tout lorsqu'il avoit épousé en seconde noces une adultère, & que par conséquent, conformément à l'ancienne discipline, il ne pouvoit ni assister à l'Eglise, ni servir de témoin, sur-tout contre des prêtres ?

(*Année 303 ou 304.*) Rien de tout cela cependant. St. Marcellin, Pape, est accusé d'avoir sacrifié aux idoles, en présence de Dioclétien ; trois Prêtres & deux Diacres sont accusés du même crime ; un Concile de 50 Evêques va les juger ; on entend les témoins dans l'Eglise de

---

» *imiter la domination des Rois de la terre, qui tend tou-* » *jours au despotisme ; les Assemblées ont cet avantage qu'il* » *y a d'ordinaire quelqu'un qui montre le bon parti & y ra-* » *mène les autres* ». Cet Ecrivain respectable étoit bien digne d'être le Confesseur des Rois, & tous ceux qui pensent ainsi font, non leurs flatteurs, mais leurs amis. Courtisans, qui redoutez ces Assemblées du Peuple, pour le bonheur duquel la royauté fut établie, c'est donc le despotisme qui vous plaît ; oui, car il produit les abus, & vous en profitez.

Sinüeſſe (1), *& ce qui parut nouveau* fut qu'un de ces témoins qui avoit une femme & des enfans de cette femme, avoit cependant remplacé par une adultère, cette épouſe mépriſée, à laquelle il avoit donné le libelle du Divorce ; avec lui furent entendus quatorze témoins ; & les accuſés, à l'exception de Marcellin, furent condamnés dans cette ſeſſion dont le jugement fut confirmé dans le même Concile par 300 Evêques, en adhérant à la condamnation de Marcellin.

Ce qui parut nouveau, portent les actes de ce Concile (2). Oui, il dut paroître nouveau qu'un époux chrétien eût divorcié ſans doute pour cauſe d'adultère, ou de faute grave contre la chaſteté conjugale , puiſque tel pouvoit être le ſeul motif du Divorce autoriſé ; il dut paroître nouveau, qu'une femme chrétienne eût commis ce crime, ou ſe fût permis de tenir une conduite qui l'en fît ſoupçonner. Il dut ſur-tout paroître étonnant que le mari, qui avoit répudié ſa femme pour cette cauſe , l'eût remplacée par une femme qui avoit manqué aux engagemens d'un premier mariage ; mais certainement ſi le Canon des Apôtres, qui defend, & de ſe remarier après avoir renvoyé ſa femme, & d'épouſer une femme répudiée, n'eût pas ſous-entendu, *hors le cas d'adultère* ; ſi les Conſtitutions apoſtoliques qui décident clairement que le contrat eſt rompu par *celle qui viole les droits de*

---

(1) Quelques anti-divorciaires vont crier à l'impiété, & dire que le Concile de Sinueſſe a été ſuppoſé par les Donatiſtes. Telle eſt la réponſe de ceux d'entre les Ultramontains qui ſoutiennent que les Papes ont toujours eté infaillibles. J'obſerve qu'on n'a jamais pu prouver , ni la ſuppoſition de ce Concile, ni cette infaillibilité toujours prétendue, quoique ſouvent démentie par des faits.

(2) *Hoc quoque factum eſt novi , ut introiret unus de teſtibus , qui cùm , & uxorem haberet & filios ex ea , ipſe tamen illi ſpretæ adulteram ſuperinduxit , & dedit uxori repudium.*

la nature, en fe fouillant du crime d'adultère ; n'euffent pas été coñnues & d'un ufage conftant ; s'il n'eût pas été permis d'époufer une femme, qui avoit été renvoyée elle - même pour caufe d'adultère, on eût bien eu l'attention de faire remarquer que ce qui étoit étonnant étoit qu'on eût reçu le témoignage d'un homme qui étoit privé de la Communion pour avoir ufé du Divorce, pour avoir époufé une femme répudiée par fon mari. Or, ce n'eft nullement cela que portent les actes de ce Concile, c'eft la fingularité du fait qu'il fait remarquer.

Si l'Eglife de Rome ne rejetoit pas de fon fein ; fi elle entendoit en témoignage, au milieu d'un Concile nombreux, l'homme qui non-feulement avoit fait divorce, mais qui avoit fait fuccéder une femme adultère à fa première époufe vivante ; fi, quoique M. de Raftignac l'affure, pag. 161, elle n'a pas toujours enfeigné l'indiffolubilité du mariage, même en cas d'adultère, ainfi qu'on peut en juger par les Canons des Apôtres & les Conftitutions apoftoliques, comparés enfemble ; l'Ecrivain du Divorce n'aura pas commis une injuftice auffi criante que M. de Raftignac le prétend, en accufant les Papes d'innovation fur cette matière.

M. de Raftignac ne fe fera-t-il pas lui-même trop avancé lorfqu'il dit, pag. 240 ; « les partifans du Divorce n'ont pu trouver dans les monumens de l'Eglife d'Efpagne aucune difficulté plaufible en faveur du Divorce » ? Je le penfe, & en voici la preuve.

(*Année* 301 *ou* 305.) Le premier Concile tenu dans ces Contrées, celui d'Elvire contient une difcipline très-rigoureufe ; mais elle démontre clairement le defir que les pères avoient d'empêcher l'abus, & non de prohiber entièrement le Divorce.

Septième Canon : « S'il arrive qu'un Chrétien tombé en adultère, après avoir accepté la pénitence, retombe

» dans le même crime, il nous a plu qu'on ne lui ac-
» corde la Communion, pas même à l'article de la
» mort. »

La rechute est punie, comme on le voit, on ne peut
pas plus sévèrement ; n'eût-on pas puni également le
mariage des gens divorciés, s'il eût été regardé comme
un adultère ? Nous verrons que l'Eglise les traitoit moins
durement ; elle n'avoit donc pas de leur union une opinion aussi défavorable.

Canon huitième : « De même que les femmes qui, sans
» qu'aucune cause ait précédé, *nullâ præcedente causâ*, ont
» abandonné leurs époux, & qui se sont unies à d'au-
» tres, *se copulaverint alteris*, ne reçoivent pas la Com-
» munion, même à l'article de la mort. »

Il est visible que ce Canon est opposé à toutes séparations d'époux faites sans cause, *nullâ præcedente causâ*,
mais ne l'est nullement au Divorce permis dans l'Evangile. Nous avons démontré, pages 145 & suivantes, que
la Doctrine de St. Paul étoit également contraire à cette
espèce de séparation, qui auroit lieu sans cause, & qu'elle
ne l'est point au Divorce, précédé d'un motif suffisant.
Ce Canon doit être entendu ainsi, avec d'autant
moins de difficulté, que son sens est expliqué par les
mots *se copulaverint alteris*, termes qui ne signifient pas
un mariage, mais une simple copulation, une liaison
toute charnelle, par conséquent une fornication continue.
Cette liaison étoit un véritable adultère, parce que,
n'y ayant eu nullé cause précédente qui eût rompu le
mariage, qui l'eût dissous, les précédens engagemens
subsistoient ; on ne pouvoit donc, dans cette position,
passer à d'autres noces. Mais ce Concile ne s'explique-t-il
pas assez clairement pour démontrer que s'il y eût eu une
raison suffisante, *præcedente causâ*, telle que l'adultère ou
faute grave contre la chasteté conjugale, l'époux après le
Divorce eût pû recevoir la Communion, & qu'on n'eût

pas dans cette fuppofition appelé fimplement *copulation* les fecondes noces des femmes féparées ?

S'il pouvoit refter quelques doutes, ils feroient éclaircis par le Canon fuivant.

Neuvième Canon : « Qu'on empêche de fe marier la » femme chrétienne qui quitte fon mari chrétien adul-» tère, & qui en époufe un autre ; mais fi elle s'eft re-» mariée, on ne doit pas l'admettre à la Communion, » à moins·que le mari qu'elle a répudié n'ait quitté le » fiècle, ou qu'à raifon de maladie on n'ait été forcé » de la lui accorder (la Communion). »

Qu'on empêche de fe marier, *prohibeatur ne ducat* ; ces termes ne doivent pas s'entendre d'une défenfe de rigueur, mais d'un fimple confeil ; fans cela eût-on ajouté ; mais fi elle s'eft remariée, *fi autem duxerit*, qu'on ne l'admette à la Communion à moins que, &c.

Quoi ! on entendroit, fuivant M. de Raftignac, par le mot *prohibeatur*, une défenfe abfolue, & cependant on accorderoit la Communion dans deux cas fpécifiés, tandis qu'on l'eût refufée, même à l'article de la mort, à celle dont il eft queftion dans le Canon précédent. Quelle abfurde conféquence ?

Je me permettrai d'obferver qu'en cet endroit, pag. 236, M. de Raftignac femble accufer M. Hennet d'infidélité, parce qu'il s'eft contenté de dire que le Concile d'Elvire excommunie les femmes qui, ayant quitté leurs maris fans fujet, en époufent d'autres, & il lui fait le reproche de n'avoir pas ajouté que la privation de la Communion s'étendoit même à la mort.

Je me garderai bien d'accufer M. de Raftignac d'in-fidelité, lorfqu'il explique ces mots, *nifi quèm reliquerit prius de fæculo exierit*, par ceux-ci, *avant la mort de celui qu'elle a abandonné* ; il n'eft cependant nullement queftion de mort, mais de quitter le fiècle, efpèce de pénitence à laquelle l'auftérité de la difcipline des Pères d'Elvire condamne l'adultère.

Eh ! qu'on prenne garde fur-tout aux expreſſions de ce Canon, *ſi elle s'eſt remariée, on ne doit pas l'admettre à la Communion, à moins que le mari qu'elle a abandonné n'ait quitté le ſiècle, ou que la néceſſité de la maladie ne force de la lui accorder.*

S'il eût été queſtion de la mort du premier mari, ſi l'on eût cru que la femme n'eût, dans le ſens des anti-divorciaires, par de ſecondes noces, après ſon Divorce, rien obtenu que le droit d'être adultère, lui eût-on donné la Communion dans ces deux cas, ſur-tout lorſque, par le Canon précédent, on ordonne de la refuſer même à l'article de la mort, à la femme qui, ſans aucune cauſe, a quitté ſon mari, & s'eſt unie à un autre homme ?

Le témoignage de M. de Laubeépine, Évêque d'Orléans, ne peut rien prouver contre les propres mots du Concile d'Elvire. Vouloir expliquer ſelon la diſcipline du dix-ſeptième ſiècle des Canons rendus au commencement du quatrième, prouve qu'on ſait ſe faire des autorités ; mais la note de ce Prélat ſur ce neuvième Canon détruit tout l'avantage que M. de Raſtignac avoit cru pouvoir tirer de celle qui a pour objet le huitième.

Car M. de Laubeépine convient que « les Loix Ro- » maines permettoient le mariage dans le cas de l'adultère ; » *mais que la diſcipline chrétienne étant contraire au ſecond* » *mariage*, les Eccleſiaſtiques l'empêchoient *autant qu'ils* » *le pouvoient par leurs avis*, en refuſant de le conſigner » ſuivant l'expreſſion de Tertullien, c'eſt-à-dire, de le con- » firmer par les oblations & le ſacrifice ». (voyez M. de Raſtignac, pag. 237).

On voit par cette note, 1°. que M. de Laubeépine nous dit que la diſcipline chrétienne étoit contraire à ces mariages. Ce Prélat ne croyoit donc pas que ce fût la foi qui les déſapprouvât ; en cela il eſt d'accord en principe autant avec nous qu'il l'eſt peu avec M. de Raſtignac.

2°. M. de Laubeépine entend le mot *prohibeatur* par

empêcher autant qu'on le pouvoit par des avis. Nous fommes encore d'accord fur ce fait qui n'eft relatif qu'à la difcipline.

Enfin, s'il eût été queftion de foi, on eût déclaré ces feconds mariages adultères ; on eût forcé les parties de fe quitter ; on ne leur eût pas même accordé la Communion à la mort..... Rien de tout cela cependant.

Et fi, fuivant Tertullien, les Eccléfiaftiques refufoient de configner de pareils mariages, ce refus ne fignifie qu'une approbation refufée & nullement une défenfe de rigueur, car il n'étoit pas néceffaire alors, pour qu'un mariage fût valide, qu'il fût béni (1).

Le Canon 10e. ajoute à ces preuves déja bien fuffifantes :

« Si celle que le Catéchumène a répudiée, a époufé
» un autre mari, elle peut être admife au baptême,
» (on doit obferver la même chofe envers les femmes
» Catéchumènes) mais fi c'eft une femme chrétienne qui
» époufe celui qui a répudié une époufe qui n'avoit
» aucun tort, *inculpatam,* & qu'elle fache que cet homme
» a une époufe qu'il a répudiée fans motifs, *quam fine*
» *caufa reliquit,* on ne doit pas l'admettre à la Com-
» munion, même à l'article de la mort. »

La répudiation que le Catéchumène s'étoit permife ; & le mariage qui l'avoit fuivi n'empêchoient pas de devenir chrétienne la femme qu'il avoit répudiée & qui avoit époufé un autre mari : eût-on admis au baptême

---

(1) Cette bénédiction fut jufqu'à la loi de l'Empereur Léon une cérémonie de dévotion ; de nouveaux bâtimens peuvent être habités fans qu'il ait été abfolument néceffaire de les faire bénir ; de même on pouvoit être époux, & le mariage n'en étoit pas moins valable aux yeux de Dieu, pas moins un facrement aux yeux de l'Eglife, quoiqu'il n'eût pas été précédé ou fuivi de la bénédiction du Prêtre. Les honneurs du poíle refufés aux veufs lors de leur mariage, n'annoncent point que l'Eglife condamne les fecondes noces.

une femme en état d'adultère perpétuel ? Non sans doute :
il falloit, quoiqu'il en pût coûter, quitter ses péchés
d'habitude, restituer le bien mal acquis, renoncer à la
fornication, à l'adultère, &c., pour se préparer à ce Sacrement. La femme renvoyée même par un Catéchumène,
n'étoit donc pas adultère pour avoir épousé un autre mari.

Les anti-divorciaires répondront-ils qu'il est question
d'une femme non encore chrétienne, remariée depuis
sa répudiation à un époux non-chrétien ? je les prierai
de faire attention à la seconde partie de ce même Canon,
ils y verront le contraire.

La loi est égale entre les sexes, ne cesse de nous répéter M. de Rastignac ; nous l'invoquons, cette loi de
l'égalité chrétienne si bien exprimée par tous les Pères de
l'Eglise.

Si une chrétienne ne peut épouser un mari dont l'épouse
a été répudiée sans qu'elle *fût coupable, inculpatam*,
lorsqu'elle sait que cet homme l'a répudiée sans
motifs, *quam sine causa reliquit*, nous pourrons dire,
d'après ce Canon, qu'une chrétienne peut épouser un
mari dont l'épouse coupable a été répudiée, quoiqu'elle
sache que cet homme a eu une femme qu'il a renvoyée
pour cause.

Telle étoit la discipline clairement établie au Concile
d'Elvire. L'exception que les pères ont soin d'expliquer,
nous assure que nous ne nous trompons pas en expliquant
ainsi la Loi.

Qu'on lise les autres Canons de ce Concile relatifs aux
peines prononcées contre les adultères, & qu'on nous dise
ensuite si quelqu'un de sensé peut rapprocher leurs termes
du sens auquel les anti-divorciaires voudroient ramener
l'antique discipline.

Canon 64 : « Si une femme a vécu dans l'adultère
» jusqu'à la fin de ses jours avec un mari étranger, il
» nous a plu de lui refuser la Communion, même à

» l'article de la mort ; mais fi elle l'a abandonné, elle
» recevra la Communion après dix ans, lorfqu'elle aura
» fait la pénitence ordonnée. »

Eft-il quelque Canon dans ce Concile qui porte qu'une femme remariée après le Divorce, foit que fon premier mari ait été coupable, foit qu'elle l'ait été ellé-même, fera privée toute la vie de la Communion, à moins qu'elle ne quitte ce fecond mari, que les loix divines & humaines lui permettoient de prendre ? nous défions nos adverfaires d'en trouver aucun.

Enfin Canon 70 : « Si une femme a été adultère au
» fçu de fon mari, *confcientiâ mariti*, on refufera à celui-ci
» la Communion, même à la mort ; mais fi au contraire
» il a quitté cette femme, on lui accordera la Commu-
» nion après dix ans. »

Peut-on une preuve plus pofitive de l'erreur dans laquelle font les anti-divorciaires, lorfqu'ils foutiennent qu'il eft de foi que rien ne peut rompre le mariage ? Quoi ! un Concile déclare qu'on doit priver de la Communion l'homme qui retient dans fa maifon la femme qu'il fait être adultère, il ordonne de la quitter, il n'accorde la Communion que lorfqu'on l'a renvoyée, quoiqu'on l'ait portée à commettre ce crime, & nos adverfaires difent que l'Eglife a toujours prêché l'indiffolubilité....

Au moment où l'on a fait ces Canons, l'idolatrie régnoit dans Rome. Paffons à la feconde époque, où non-feulement la foi, mais même la difcipline chrétienne vinrent s'affocier aux loix de l'Empire ; elles ne changèrent rien fur cette matière.

Page 16, ligne 25, faites-moi-le connoître, *lisez* faites-le-moi connoître.

Page 26, ligne 23, la beauté de, *lisez* la beauté à.

Page 43, ligne 35, bagues, *lisez* bagnes.

Page 50, ligne 35, & par conséquent, *lisez* & est par conséquent.

Page 59, ligne 2 de la note, anti-divorciens, *lisez* anti-divorciaires.

Page 78, ligne 27, levers, *lisez* lever.

Page 99, ligne première, à le, *lisez* cela le.

Page 109, ligne 33, se détachent, *lisez* se détache.

Même page, ligne 34, à une autre, *lisez* à un autre.

Page 111, ligne 14, permettrons, *lisez* permettront.

Page 115, ligne 30, le texe, *lisez* le texte.

Page 116, ligne première, après le mot copiées, mettre un point, & *lire* des expressions de notre divin maître, il me paroît résulter.

Page 120, ligne 20, d'usage, *lisez* du sage.

Page 123, ligne 9 de la note, Berucl, *lisez* Barruel.

Page 130, ligne antépénultième, à deux différentes, fois, *lisez* à deux différentes fois.

Page 134, ligne 9, saturium, *lisez* Saturnin.

Même page & ligne, les Eucratites, *lisez* Encratites.

Page 138, ligne 10, page, *lisez* epître.

Page 141, ligne 13, ne peut, *lisez* ne pût.

Page 172, ligne 2, que cela étoit permis, *lisez* qu'ils étoient permis.

Page 175, ligne 5, *la date qui commence l'alinéa appartient à la sixième ligne de la page 76, commençant par ces mots, Si nous pouvions.*

Page 184, ligne 10, qu'il fait, *lisez* qu'on fait.

N. B. Plufieurs perfonnes craignent qu'on ne s'occupe pas de la queſtion du Divorce, pendant cette légiſlature; je ne partage pas cette crainte, & ma première Partie contient les raiſons pour leſquelles je penfe le contraire; cette idée, quelque étrangère qu'elle me foit, me détermine cependant à m'arrêter à la feconde époque de l'hiſtoire eccléſiaſtique ; & je donne l'Ouvrage tel qu'il eſt, afin qu'on puiſſe juger de mes motifs. Je prends, au furplus, l'engagement le plus formel de continuer mon travail. Après avoir prouvé que les lois eccléſiaſti-ques ne furent point oppoſées au Divorce, pendant les dix ſiècles, qui ſuivirent les deux premiers, que j'ai traités; je démontrerai que l'opinion contraire fut une ſuite du célibat exigé impérieuſement des Prêtres, des Moines & Religieuſes, depuis le commencement du treizième ſiècle. Je paſſerai, enſuite, au Concile de Trente, j'exa-minerai celui de ſes Canons qu'on nous oppoſe ; & les Théologiens & les Juriſconſultes feront forcés de con-venir, 1°. que ce qu'il contient ne regarde nullement la foi ; 2°. qu'il y a eu des réclamations publiques & lé-gales, faites par le Parlement de Paris, contre cet article de diſcipline, qui a voulu faire une loi de l'indiſſolu-bilité abſolue du mariage, d'où je conclurai que l'Aſ-ſemblée Nationale peut & doit donner une loi à ce ſujet.

TABLE

Des Chapitres & Sommaires.

Fin de la table des matières.